MY JOB
나의 직업

어쩌면 당신의 시선

© gnepphoto

SYNCHRO SCAN
ND
CLEAR
1/4ND
1/16ND
1/64ND
MODE CHECK
ALARM
AUDIO LEVEL
MARKER SELECT
MONITOR
USER MAIN
MIC
USER
POWER
ON
OFF

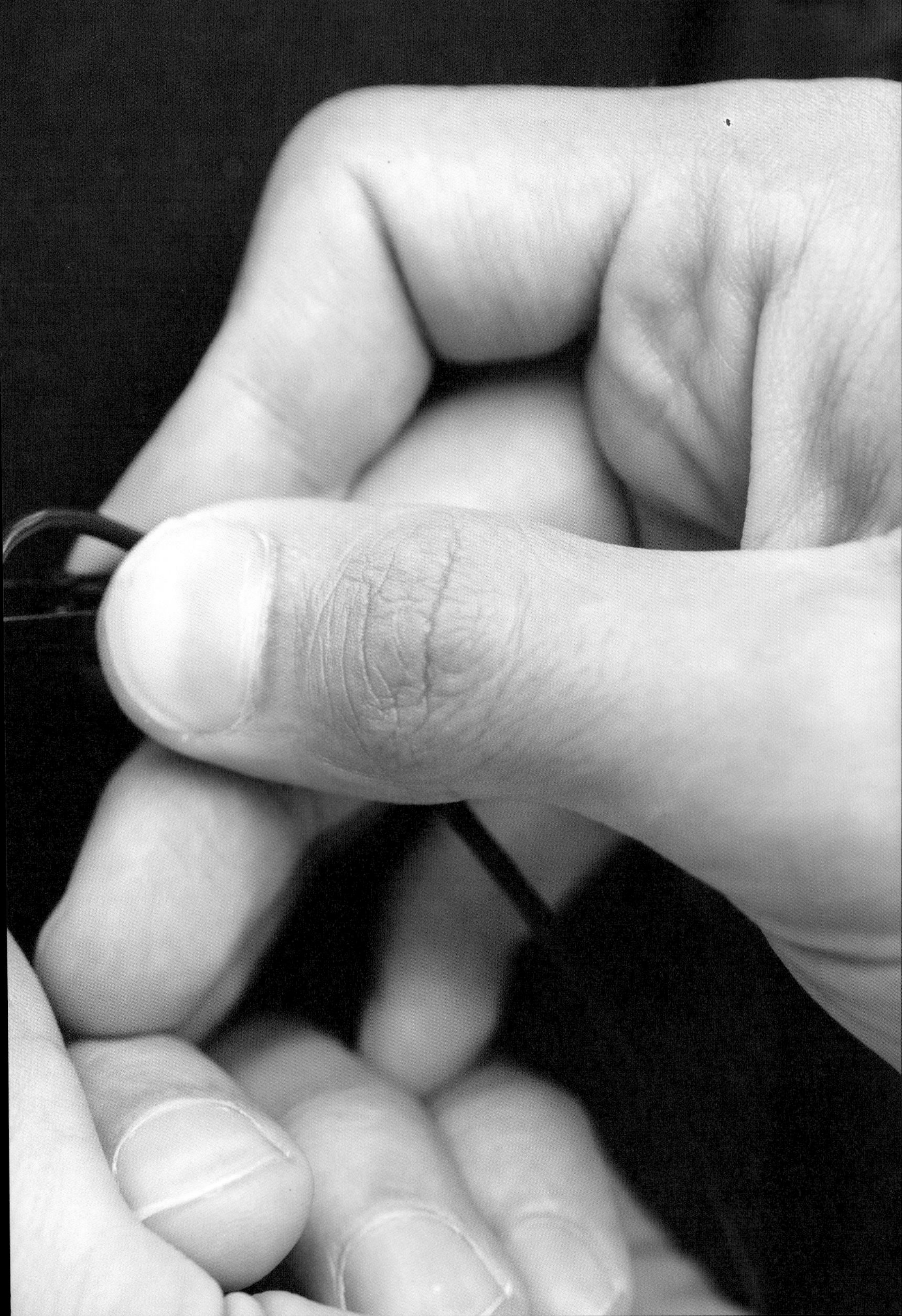

CONTENTS

Part One

History

Part Two

Who & What

Part Three

Get a Job

Part Four

Reference

Part One
History

01 언론의 필요성과 역할

사회생활과 언론

아이가 태어나면 부모는 아이와 끊임없이 눈을 마주치고 말을 걸어준다. 처음으로 '엄마', '맘마'와 같은 단어를 아이가 말하게 되면 모든 가족들이 기뻐하는데 이는 사회의 한 일원으로써 타인과 교류를 시작할 수 있게 되었음을 의미하기 때문이다.

사람과 사람과의 소통은 인간의 삶에 있어서 가장 처음으로 체득하게 되는 필수적인 과정이다. 자신의 의견을 제시하고 상대방의 생각을 받아들이는 커뮤니케이션이 없이는 사회생활이 불가능하기 때문에 의견을 주고받는 활동은 사람이 살아가는 데 있어서 가장 기본적인 것이다.

대한민국의 헌법에서 보장되는 권리 중 하나인 표현의 자유는 민주주의를 유지하는 데 필수 요소이다. 표현의 자유는 대한민국 이라는 공동체를 구성한 일원으로써 가지는 권리이며 이는 인간의 존엄성을 보호하는 데 기여한다. 개개인이 자신의 생각을 표현하고 그것들이 모여 하나의 여론을 형성하며 그 여론이 힘을 얻어 법 제정과 같은 실질적 힘을 발휘하게 되는 것이다.

표현의 자유 중 대표적인 것이 바로 언론과 출판의 자유이다. 언론(言論)이란 인간의 표현행위 혹은 그 행위를 통한 표현 그 자체를 말하지만 일반적으로는 말과 글을 통해 대중들에게 개인 혹은 집단의 의사를 전달하는 보도 행위를 의미한다. 우리는 24시간 자신이 원하는 때라면 언제든지 인터넷 신문, TV 뉴스와 같은 매체를 통해 기사를 접할 수 있다. 그러한 기사를 통해 현 사회의 문제와 부조리 등을 접할 수 있으며 거기에 관련된 자신의 의견을 소셜 네트워크 서비스(SNS)를 통하거나 기사의 댓글 란을 이용하여 게재할 수 있다. 이러한 일련의 행위 또한 넓게 본다면 하나의 언론 활동이라 할 수 있을 것이다.

언론이 갖는 파급력은 상상할 수 없을 만큼 어마어마하다. 특히 21세기의 인터넷의 등장은 전 세계인이 동시에 같은 뉴스를 접할 수 있게끔 만들어 주었다. 그로 인해 인터넷이 닿는 곳에 사는 지구촌의 모든 사람들이 같은 생각을 하고 의견을 개진할 수 있는 기회를 얻게 된 것이다.

그러나 전파력과 영향력이 대단함에도 불구하고 언론은 정부나 국가의 제한을 받게 될 경우 한계를 지니게 되며 소수나 약자의 의견은 무시될 가능성이 높아지게 된다. 국가 권력에 의한 언론의 탄압은 그 나라의 민주주의가 어디쯤에 와 있는지를 알 수 있는 지표가 된다고 해도 과언이 아니다. 이러한 면에서 표현의 자유는 민주주의를 이루는 바탕이 된다는 것을 알 수 있다.

한 나라 안에 다양한 문화와 민족성을 가진 구성원들이 살아가게 되면서 점차 사회에서는 옳고 그름을 다투는 이분법적 사고보다는 같은 사회 내에서도 각 개인의 특성과 생활양식을

존중해주는 다원화를 추구해 나가는 실정이다. 그래서 개개인 모두가 인간으로서의 존엄성을 가지고 자신의 삶을 온전히 누리며 살아가기 위해서는 민주주의 사회에서 표현의 자유는 반드시 보장되어야 한다.

현대 사회는 빈익빈 부익부로 양립되어가는 실정이며 그러한 간극을 좁히기 위해서는 소외된 계층의 이야기를 들어줄 수 있는 소통의 창구가 간절하다. 신문사와 방송국, 잡지사를 비롯한 언론 기관들은 그러한 이들에게도 소통의 창구를 열어두고 사회에 그들의 문제를 전달하며 공론화 시킬 필요가 있는 것이다. 언론의 이러한 역할과 과정을 통해 사회가 하나로 통합되고 개개인의 행복이 보장될 수 있다.

이러한 언론은 사회 내에서 몇 가지의 기능을 가진다. 그 첫째는 정치적 기능이다. 위에서 언급했던 것처럼 사회를 구성하는 이들이 균등한 기회를 얻고 자신이 속한 집단과 개인의 삶을 온전히 영위하기 위하여 의견을 제시하고 타인의 이야기를 들을 수 있는 장이 필요하다. 그러기 위해서는 하나의 사안에 대해서 같이 공론화 할 수 있는 장이 마련되어야 할 뿐만 아니라 거기에 관련된 정보가 모두에게 공정하게 주어져야 하는 것이다. 이러한 것들을 가능하게 해 주는 것이 언론이며 이것이 언론의 정치적 기능이다.

또 언론은 경제적 기능을 가진다. 우리가 접하는 TV와 신문, 잡지의 많은 부분은 광고에 할당되어 있다. 이윤의 극대화를 목적으로 하는 회사는 상품이 대중에게 더욱 알려지게 하기 위하여 광고를 만든다. 그들은 신문사와 방송사에 광고비를 투자하여 소비자들에게 자신들의 제품이 선호되게끔 노력하는 것이다.

이와 같이 언론은 무한 경쟁의 시장 체제에서 시청자들의 소비를 조장하고 상품을 광고하는 등의 경제적 기능을 발휘하게 되는 것이다.

이러한 정치와 경제적 기능 이외에 언론의 인간의 자아실현이라는 욕구를 충족시켜주는 기능도 가지고 있다. 사람들은 누구나 생각하고 생각한 것을 실현하고 싶어 하며 그것을 남에게 알려 인정받고자 한다. 의사소통은 그런 가치와 기능을 가지고 있는 것이다. 이러한 기능이 사회적으로 언론이라는 형태로 나타나기에 언론은 단순한 외침이 아니고 그 속에는 사람들이 원하는 목소리가 들어 있다. 언론이 중요한 이유는 바로 이것이다. 민주주의에 언론의 자유가 반드시 요구되는 이유도 이 때문이다. 그래서 언론은 인간이 가지고 태어난 천부적 권리 중의 하나라고 하는 것이다.

그 외에도 언론은 사회의 우선적인 가치관과 건전한 사회적 규범을 구성원들에게 전할 뿐만 아니라 여가 문화를 즐길 수 있게 하는 문화적 기능을 지니고 있다. 언론의 가장 중심적인 기능이라 볼 수 있는 정보 전달의 기능은 우리가 경험하거나 생각하지 못했던 것들을 간접적으로 체험하게 하게 한다.

이처럼 언론은 오늘날 민주사회에서 반드시 필요한 존재이지만 중요한 만큼 또한 그 책임도 막중하다고 할 수 있다.

대한민국 헌법 제21조

■ 모든 국민은 언론 · 출판의 자유와 집회 · 결사의 자유를 가진다.

■ 언론 · 출판에 대한 허가나 검열과 집회 · 결사에 대한 허가는 인정되지 아니한다.

■ 통신 · 방송의 시설기준과 신문의 기능을 보장하기 위하여 필요한 사항은 법률로 정한다.

■ 언론 · 출판은 타인의 명예나 권리 또는 공중도덕이나 사회윤리를 침해하여서는 아니된다. 언론 · 출판이 타인의 명예나 권리를 침해한 때에는 피해자는 이에 대한 피해의 배상을 청구할 수 있다.

〈내용〉

-언론 · 출판 · 집회 · 결사의 자유

-언론 · 출판에 대한 허가 · 검열 금지

-집회 · 결사에 대한 허가 금지

-언론 · 출판의 자유에 대한 헌법적 제한

언론의 사명

언론은 사회 내에서 다양한 기능을 가지는 만큼 미치는 파급력이 매우 크다. 그래서 언론이 잘못하게 되면 사회는 걷잡을 수 없는 혼란과 혼돈에 빠지게 된다. 언론은 절대 신성하다는 말에 기대어 우리가 언론에 대한 무비판적 태도를 취할 때 우리는 우리 스스로 언론의 자유를 잃어버릴 수도 있다는 것을 알아야 한다. 언론은 우리의 사회적 개인적 꿈을 실현하는 도구가 될 수 있지만 우리를 해치는 도구도 될 수 있기 때문이다. 이처럼 언론은 사회 내에서 공동이익과 일반이익을 만들어내고 실천하는 중추적인 역할을 하고 있다는 점에서 언론 기관들은 자신들의 사리사욕 보다 사회를 위한 윤리적 지침을 우선순위로 두어야 한다.

따라서 언론사는 수익을 위해 인기만을 생각하여 보도해서는 안 될 것이다. 인터넷 신문의 경우 많은 사람들이 기사를 읽기 위해 사이트를 방문할수록 광고가 늘어나며 수익이 많아지게 된다. 이를 위해 내용과 무방한 자극적인 제목을 기사에 붙이는 일들이 늘어나고 있다. 이러한 일들이 많아지게 되면 결국 언론에서 꼭 다루어야 하는 중요한 사안들을 사용자들은 접하기가 어려워지는 것은 물론 민주시민으로서의 비판적 사고력도 상실하게 된다. 이는 언론이 자신들만의 이익을 위하여 국민의 권리를 잠식하는 행위라 하겠다.

또 언론은 논의될 가치가 있는 주요 사안에 대해서 객관적인 태도를 취할 필요가 있다. 사회적 쟁점에 대한 다수의 의견을 우리는 여론이라고 하는데, 언론이 취하는 입장과 태도에 따라 여론이 좌지우지 될 가능성이 높은 만큼 언론은 사실을 있는 그대로 전달하고 사회의 구성원들이 직접 자신의 의견을 선택할 수 있도록 도와야 할 것이다. 또한 언론인들이 자신들의 인기나 지명도를 높이기 위하여 객관적이고 전문적인 지식 없이 흥미 위주나 권위 위주로 보도하거나 방송하는 것도 언론의 역할을 방해하는 옳지 못한 태도라 할 수 있다.

언론이 이러한 사명을 지닌 만큼 방송국, 신문사, 잡지사 등등과 같은 언론기관에서 일하고 있는 언론인 또한 책임과 사명을 갖게 된다. 언론이 미치는 파급력이 큰 만큼 언론인은 사회의 지식인으로써의 자부심을 갖고 의사나 변호사와 같은 사회의 전문인으로써 그 시대의 문제와 해결책에 관련하여 바른 판단을 내릴 수 있어야 한다. 언론인으로써의 판단은 사회적 책임감이 뒤따르기 때문에 취재와 보도에 관련된 부분에서 공정성을 지니도록 노력해야만 하는 것이다.

이러한 막중한 책임은 신문이나 방송의 윤리강령, 실천요강, 방송강령 등에서 언급되고 있다. 예컨대 한국신문윤리강령은 "신문인은 공공성에 비추어 마땅히 높은 품격과 긍지가 요구되며, 특히 저급한 행동이나 그 요인이 되는 행동은 일체 용인되지 않는다"라고 규정하여 기자가 갖는 특권이나 지위가 기자 자신의 이익을 위해 이용되지 않도록 하고 있다.

언론인을 무관의 제왕이라고 한다. 그만큼 언론인이 가지고 있는 권한과 영향력이 크다는 말이다. 그러나 언론인 자신들을 위하여 그러한 권한을 준 것이 아니고 민주주의 사회에서 시민들의 정치적 의지를 실현하는 수단으로서 언론인들에게 그러한 권한을 위임한 것이다. 즉, 시민들의 알 권리를 보장하기 위해서 언론인들에게 그러한 권한을 부여했다는 말이다. 그래서 언론인의 윤리 강령과 실천요강은 언론의 자유를 통해 국민들이 알 권리를 보장하고자 마련된 것이다. 국가나 기업의 편에 서서 국민들의 눈과 귀를 가리는 것이 아니라 국민의 행복과 존엄성을 위해 언론이 마땅히 나아가야 할 방향을 스스로 정해놓은 신념인 것이다. 이러한 언론인의 사명은 앞으로도 꾸준히 이어져 나가야 할 국민과의 약속인 셈이다.

한국기자협회 윤리강령

기자는 국민의 알 권리를 충족시키고, 진실을 알릴 의무를 가진 언론의 최일선 핵심존재로서 공정보도를 실천할 사명을 띠고 있으며, 이를 위해 국민으로부터 언론이 위임받은 편집-편성권을 공유할 권리를 갖는다. 기자는 자유로운 언론활동을 통해 나라의 민주화에 기여하고 국가발전을 위해 국민들을 올바르게 계도할 책임과 함께, 평화통일 · 민족화합 · 민족의 동질성회복에 기여해야 할 시대적 소명을 안고 있다. 이와 같이 막중한 책임과 사명을 갖고 있는 기자에게는 다른 어떤 직종의 종사자들보다도 투철한 직업윤리가 요구된다. 이에 한국기자협회는 회원들이 지켜야 할 행동기준으로서 윤리강령과 그 실천요강을 제정하여 이의 준수와 실천을 선언한다.

1. 언론자유 수호
우리는 권력과 금력 등 언론의 자유를 위협하는 내 · 외부의 개인 또는 집단의 어떤 부당한 간섭이나 압력도 단호히 배격한다.

2. 공정 보도
우리는 뉴스를 보도함에 있어서 진실을 존중하여 정확한 정보만을 취사선택하며, 엄정한 객관성을 유지한다.

3. 품위 유지
우리는 취재 보도의 과정에서 기자의 신분을 이용해 부당이득을 취하지 않으며, 취재원으로부터 제공되는 사적인 특혜나 편의를 거절한다.

4. 정당한 정보 수집
우리는 취재과정에서 항상 정당한 방법으로 정보를 취득하며, 기록과 자료를 조작하지 않는다.

5. 올바른 정보 사용
우리는 취재활동 중에 취득한 정보를 보도의 목적에만 사용한다.

6. 사생활 보호
우리는 개인의 명예를 해치는 사실무근한 정보를 보도하지 않으며, 보도대상의 사생활을 보호한다.

7. 취재원 보호
우리는 어떠한 경우에도 취재원을 보호한다.

8. 오보의 정정
우리는 잘못된 보도에 대해서는 솔직하게 시인하고, 신속하게 바로 잡는다.

9. 갈등 · 차별 조장 금지
우리는 취재의 과정 및 보도의 내용에서 지역 · 계층 · 종교 · 성 · 집단 간의 갈등을 유발하거나, 차별을 조장하지 않는다.

10. 광고 · 판매활동의 제한
우리는 소속회사의 판매 및 광고문제와 관련, 기자로서의 품위를 손상하는 일체의 행동을 하지 않는다.

언론인이 하는 일

언론의 세계

언론이 우리들의 관심을 끈 것은 아주 오래 전의 일이 아니다. 근대에 들어오면서 왕이나 국가의 권력이 막강해지고 더불어 국민의 자유에 대한 욕구가 강해지면서 언론에 사람들은 주목하기 시작한다. 그래서 오늘날 우리가 말하는 언론은 국민의 자유주의 이론에 바탕을 두고 있으며 '권력으로 부터의 자유'를 활동의 과제 중의 하나로 가지고 있다.

그래서 언론은 한편에서는 국가에 대한 감시자로, 또 한편에서는 국민의 대변자로서의 역할을 하게 되는 것이다. 이는 곧 '국민의 알권리' 충족이라는 현실적 문제로 나타나며 언론의 활동은 바로 이를 실천하는 행위라 할 수 있을 것이다.

언론의 세계는 바로 국민의 알 권리를 실현하기 위한 사회적 활동을 말하는데 크게 정보를 찾아내고 이를 알리는 분야와 이를 보조하는 분야로 나눌 수 있다.

전자에 해당하는 직종이 기자나 아나운서 중심으로 형성되어 있고, 후자에 해당하는 직종은 편집자, 방송기술자, 인쇄기술자 중심으로 구성되어 있다.

국민의 알 권리

개인의 정치적 의지를 실현하기 위하여 정치과정에 참여하는데 필요한 정보를 획득하는 사회적 권리를 말한다. 그리고 이 권리를 행사하기 위하여 정보원(情報源)에 대한 접근을 방해받지 않을 권리와 획득한 정보를 대중매체를 통하여 전달할 권리도 포함한다.

언론사, 즉 신문사, 잡지사 혹은 방송국 등은 전자와 후자에 해당하는 관련 직종들을 포함한 산업체라고 생각하면 된다.

컴퓨터와 디지털 공학의 진보적인 발전으로 인하여 최근에는 다양한 언론 매체가 등장하고 사라지고 있다. 그러나 여전히 대중들에게 가장 영향력이 높은 언론사는 방송사, 신문사, 잡지사일 것이다. 언론사 내에서도 행정 업무와 같이 취재나 기사 작성과는 관련 없는 일을 하는 이들도 필요하다. 언론사 역시 하나의 회사이기 때문에 회사를 운영해 나가기 위한 전문 역량을 가진 사람들이 함께 일하고 있는 것이다.

방송국과 같은 경우 방송의 송, 수신에 관련된 업무를 맡고 있는 엔지니어들 역시 반드시 필요한 직군의 사람들이며 신문사나 잡지사에서 기사의 빠진 글자와 잘못된 글자를 고치는 일을 하는 사람, 인쇄에 관련된 업무를 위해 인쇄소와 출력소를 오가며 일하는 사람들 또한 회사에 없어서는 안 되는 사람들이다.

기사의 제작 과정은 보통 취재, 편집, 보도의 단계로 이루어져 있다. 취재를 통한 자료 수집과정은 어느 언론사나 비슷하지만 자료를 편집하는 과정은 신문사와 잡지사가 서로 다르다. 그리고

© Santipong Srikhamta

방송국은 편성이라는 과정을 통해 대중들에게 정보나 뉴스를 전달한다. 이러한 과정을 사이사이에는 전문적이면서도 세분화된 직업들이 존재하며 그들을 통해 언론사가 제대로 된 기능을 발휘하게 된다.

방송국만 생각해 보아도 방송 PD, 성우, 아나운서, 비디오 저널리스트, 무대 분장사, 탤런트, 영상기사, 음향영상장비 조작원, 녹화기사, 녹음기사, 편집기사, 음향효과기사, 촬영기사, 조명기사, 분장사, 방송음악인, 기술 엔지니어, 세트 전문가 등등 여러 사람들이 필요한 것이다.

이처럼 언론사에는 세분화된 직군의 사람들이 함께 일하지만 우리가 보통 언론인이라고 말할 때에는 좁은 의미에서 방송국의 PD와 아나운서, 기자, 신문사와 잡지사의 기자와 편집장 정도를 말한다.

■ 언론 : 신문, 잡지, 방송 등을 통하여 뉴스나 정보를 알리거나 의견과 논의를 전개하여 여론의 기초를 형성하는 데 도움을 주는 활동.

■ 언론매체 : 정보 전파 활동을 하는데 활용되는 도구를 뜻하며, 라디오, 신문, TV, 인터넷, 잡지, 휴대폰 등을 말함

■ 언론사 : 정보를 획득하기 위하여 활동하는 기획자, 리포터, 기자와 이들이 획득한 정보를 가공하여 국민에게 전달하는 일을 하는 제작자들을 모아 만든 사업체로 신문사, 잡지사, 방송국, 인터넷신문사, 라디오 방송국 등을 말함.

국내외 언론인 상

■ 해외

풀리처상 : 미국에서 가장 권위 있는 보도 · 문학 · 음악상.

풀리처상은 1917년 창설되었다. 수상자 선정은 매해 4월경 컬럼비아대학교 언론대학원에 있는 퓰리처상선정위원회에 의해 이루어지며, 뉴스 · 보도사진 등 14개 부문, 문학 · 음악 7개 부문을 대상으로 그해 가장 탁월한 업적을 이룬 인물을 추천받아 수여한다. 문학과 음악 부문은 꼭 미국 시민이어야 하며, 저널리즘 부문수상자는 꼭 미국인일 필요는 없으나 미국 신문사에서 활동해야 한다.

■ 국내

우리는 권력과 금력 등 언론의 자유를 위협하는 내 · 외부의 개인 또는 집단의 어떤 부당한 간섭이나 압력도 단호히 배격한다.

-한국언론상 -대한언론상 -민주언론상
-방송인상 -한국신문상 -사진편집상
-한국편집상 -한국기자상 -한국편집상
-언론인권상 -삼성언론상 -신문협회상
-언론인권상 -한국편집상 -한국신문상
-한국PD대상 -간행물문화대상
-한국방송기자상
-한국잡지언론상
-우수콘텐츠잡지선정
-한국방송카메라기자대상
-올해의 과학기자상
-대한민국커뮤니케이션 대상

© Microgen

일의 특수성

언론인들은 사건의 취재를 위해 현장을 가고 관련된 사람을 만나는 등 많은 업무량을 감당하게 된다. 또 사건 사고를 전하는 만큼 언제 어디서 발생할지 모르는 일들로 인해 항상 긴장하며 일하게 된다.

언론인은 하나의 전문 직종에 종사하고 있기 때문에 자신의 전문적인 지식과 기술을 바탕으로 법관이나 의료인과 같이 사회를 유지하고 발전하는 데 최선을 다 해야 하는 책임을 지니게 된다.

이러한 전문직의 특성으로 인하여 언론인이 되기 위해서는 교육기관을 통하거나 또는 개인적으로 끊임없는 노력을 통하여 스스로 전문적인 지식과 기능을 습득해야 한다. 외국에는 언론인을 양성하기 위한 언론인 대학교나 기자대학교와 같은 전문학교가 있지만 우리나라에는 아직 없다. 그러나 앞으로 변호사를 위한 로스쿨처럼 언론인 양성을 위한 전문 교육기관이 설립될 것으로 본다.

현재 우리나라에서는 공개 채용이나 특별 채용을 통하여 선별됨으로써 전문인으로써의 자격을 갖춰야 하며 언론인들이 세운

윤리강령을 통해 그에 따르는 사회적 책임을 가지게 된다. 언론인들은 자신들의 언론활동을 통해 얻게 되는 경제적 대가보다 사회적으로 자신이 미치게 될 파급을 고민해야만 한다는 점에서 특수성을 가진다.

그러나 언론인은 자격시험이나 면허 제도를 갖지 않는 전문인 중 하나라는 특징을 가진다. 이는 언론의 획일화와 정형화를 막기 위한 것이다. 그러한 제도로 언론을 통제하게 될 경우 언론은 자유를 침해받게 될 가능성이 높아지게 된다.

또 언론인들은 스스로 강령을 만들어 내부적으로 자율적인 검증을 하는 특수성이 있는데 무엇보다도 언론인 스스로의 판단을 존중한다는 점이 색다르다고 하겠다.

그래서 일을 할 때에도 작업의 방향이나 방법 등을 미리 사전에 논의하고 준비하지만 담당 언론인의 개인적 역량에 의존하는 경우가 많다. 즉 언론인은 자신이 맡은 과제와 개인의 역량을 중심으로 재량껏 활동하다보니 일반 기업체에서 일하는 것과 같이 분업과 협업이 발달하지는 않은 것 같다. 자신만의 역량으로 취재원을 발굴하고 자신의 노하우로 정보를 획득하게 된다. 그래서 출퇴근 시간이 정해져 있지만 상황에 따라 융통성 있게 운영된다.

그러나 언론이라는 일에 대하여 본인의 정열적인 애착심이 있어야 한다. 즉 회사의 개념을 가지고 일정 시간 일을 하면 월급을 받는 기업 정도로 생각하고 언론사에 취직을 한다면 언론인으로서 일하기가 힘들 수도 있다. 물론 수습단계를 거치면 어느 정도까지는 일을 할 수 있지만 업무로 인하여 발생하는 스트레스를 견디기에는 힘들 것이다. 언론은 그 일을 사랑하지 않으면 오래 동안 일하기 힘든 직종이다.

그래서 언론인이 되고자 한다면 먼저 언론이 무엇인지를 알아야 하고 그 일을 하는데 내 적성이나 능력이 맞는지를 곰곰이 살펴보고 난 뒤에 선택해야 한다.

언론인에게 필요한 적성

- 자신이 알게 된 전문적인 지식이나 정보를 쉽고 객관적으로 전환하는 능력

- 핵심을 전달하고 정확한 맞춤법 및 한글 문법을 구사하는 글쓰기 능력

- 사회 현상을 객관적으로 분석하는 통찰력

- 불규칙한 생활과 바쁜 일정을 소화해 낼 수 있는 체력

- 공정한 언론을 전달하고자 하는 정의감

- 다양한 사건과 사고, 인물들을 만나고자 하는 적극적 태도

- 언론인으로써 자신의 기사에 대한 책임감

- 여러 계층의 사람과 대화를 할 수 있는 의사교환 능력

03 국내 언론 산업과 언론 기관 현황

신문

"신문"이란 정치·경제·사회·문화·산업·과학·종교·교육·체육 등 전체 분야 또는 특정 분야에 관한 보도·논평·여론 및 정보 등을 전파하기 위하여 같은 명칭으로 월 2회 이상 발행하는 간행물 중에서 종이로 된 것으로서 다음과 같은 종류가 있다. 구분을 보다 명확히 하기 위하여 '종이신문'이라고도 부른다.

■ 일반일간신문 : 정치·경제·사회·문화 등에 관한 보도·논평 및 여론 등을 전파하기 위하여 매일 발행하는 간행물.

■ 특수일간신문 : 산업·과학·종교·교육 또는 체육 등 특정 분야(정치를 제외)에 국한된 사항의 보도·논평 및 여론 등을

전파하기 위하여 매일 발행하는 간행물.

■ 일반주간신문 : 정치·경제·사회·문화 등에 관한 보도·논평 및 여론 등을 전파하기 위하여 매주 1회 발행하는 간행물(주 2회 또는 월 2회 이상 발행하는 것을 포함).

■ 특수주간신문 : 산업·과학·종교·교육 또는 체육 등 특정 분야(정치를 제외)에 국한된 사항의 보도·논평 및 여론 등을 전파하기 위하여 매주 1회 발행하는 간행물(주 2회 또는 월 2회 이상 발행하는 것을 포함).

〈우리나라 일간 신문사 현황(2021년 기준)〉

구분	신문사 수	종사자 수
전국 종합 일간신문	23개	4,818명
지역 종합 일간신문	125개	5,490명
경제 일간 신문	14개	3,432명
스포츠 일간 신문	5개	310명
외국어 일간 신문	2개	150명
기타 전문 일간 신문	26개	1,015명
무료 일간 신문	1개	49명
합계	196개	15,612명 (기자 9,820명)

〈우리나라 주간 신문사 현황(2021년 기준)〉

구분	신문사 수	종사자 수
전국 종합 주간신문	38개	698명
지역 종합 주간신문	499개	2,130명
전문 주간 신문	580개	3,848명
합계	1,117개	6,676명 (기자 4,641명)

방송

"방송"이라 함은 방송프로그램을 기획·편성 또는 제작하여 이를 일반인들에게 전기통신설비에 의하여 송신하는 것으로서 다음 같은 종류가 있다.

■ 텔레비전방송 : 정지 또는 이동하는 사물의 순간적 영상과 이에 따르는 음성·음향 등으로 이루어진 방송프로그램을 송신하는 방송이다.

■ 라디오방송 : 음성·음향 등으로 이루어진 방송프로그램을 송신하는 방송이다.

■ 데이터방송 : 방송사업자의 채널을 이용하여 데이터(문자 · 숫자 · 도형 · 도표 · 이미지 그 밖의 정보체계)를 위주로 하여 이에 따르는 영상·음성·음향 및 이들의 조합으로 이루어진 방송프로그램을 송신하는 방송이다.(인터넷 등 통신망을 통하여 제공하는 경우는 제외)

■ 이동멀티미디어방송 : 이동 중 수신을 주목적으로 다채널을 이용하여 텔레비전방송·라디오방송 및 데이터방송을 복합적으로 송신하는 방송이다. 이러한 방송을 하기 위하여 시설과 인력을 활용하여 사업하는 것을 방송사업이라고 하는데 방송사업의 종류는 다음과 같은 것들이 있다.

■ 지상파방송사업 : 방송을 목적으로 하는 지상의 무선국을 관리·운영하며 이를 이용하여 방송을 행하는 사업으로 소유구조와 사업 특성에 따라 공영방송, 민영방송, 종교방송, 교통방송 등으로 구분한다. 공영방송에는 KBS, EBS, MBC 등이 있고 민영방송에는 SBS와 KBC TV, TBC TV, TJB TV 등 지역방송사가 있다. 그리고 종교방송에는 기독교방송, 평화방송, 불교방송, 원음방송, 극동방송 등이 있으며 교통방송에는 서울특별시교통방송과 도로공단 교통방송이 있다.

■ 종합유선방송사업 : 종합유선방송국(다채널방송을 행하기 위한 유선방송국 설비와 그 종사자의 총체)을 관리·운영하며

전송·선로설비를 이용하여 방송을 행하는 사업을 말한다. 티브로드, C&M, 한국케이블TV 등이 그 예라고 할 수 있다.

■ 위성방송사업 : 인공위성의 무선설비를 소유 또는 임차하여 무선국을 관리·운영하며 이를 이용하여 방송을 하는 사업으로 KT 스카이라이프가 있다.

■ 방송채널사용사업 : 지상파방송사업자·종합유선방송사업자 또는 위성방송사업자와 특정채널의 전부 또는 일부 시간에 대한 전용사용계약을 체결하여 그 채널을 사용하는 사업을 말한다. 홈쇼핑채널이 이러한 사업의 예라고 할 수 있다.

〈방송사업자 현황(2021년 기준〉

구분	방송사 수	종사자 수
지상파 방송사업	69개	13,670명
유선 방송사업	152개	4,505명
위성 방송사업	1개	379명
방송채널 사용사업	174개	17,119명
IPTV(인터넷영상물제공)	3개	919명
합계	399개	36,592명 (기자 3,918명)

인터넷 신문

"인터넷 신문"이란 컴퓨터 등 정보처리능력을 가진 장치와 통신망을 이용하여 정치·경제·사회·문화 등에 관한 보도·논평 및 여론·정보 등을 전파하기 위하여 발행하는 전자간행물이다. 인터넷 신문이 많지 않았을 경우에는 지역성이나 특성에 따라 인터넷 종합신문, 인터넷 지역신문 및 인터넷 전문신문으로 나누었으나 인터넷의 발달로 인터넷 신문사가 많이 생기면서 분류 방식이 바뀌었다. 현재는 오프라인 기반과 온라인 기반으로 나눈다.

〈인터넷 신문 현황(2017년 기준)〉

구분	사업체 수	종사자 수	기자 수
오프라인 기반 인터넷 신문	595개	5,243명	3,342명
온라인 기반 인터넷 신문	2,201개	12,552명	9,150명
합계	2,796개	17,795명	12,492명

*2021년 기준 인터넷신문 총 종사자수 : 20,582명(기자 14,020명)

NEWS

04 전문 기자란?

전문 기자

인터넷의 등장으로 인터넷이 연결되어 있는 컴퓨터를 가진 사람이라면 누구나 정보의 바다에 뛰어들 수 있는 환경을 얻게 되었다. 이러한 현상은 확실하지 않은 정보를 분별없이 받아들일 수 있는 위험에 사람들을 노출시켰을 뿐만 아니라 그로 인해 정확한 정보를 선별해줄 사람을 요구하는 데 까지 이르렀다. 이러한 측면에서 전문 기자는 정보화 사회에서 반드시 필요한 사람이다.

인터넷의 발달이 언론사 간의 경쟁에도 영향을 주었으며 이로 인해 전문기자가 등장하게 되었다고 해도 지나친 말이 아닐 것이다.

기존의 종이 출판을 바탕으로 한 언론사의 설립은 많은 자본을

요구하였으나 인터넷 기반을 바탕으로 한 인터넷 신문사와 같은 언론사는 적은 자본으로도 창업이 가능하게 되었다. 이로 인해 우후죽순 늘어나는 언론사들은 서로간의 경쟁을 통해 선별되고 정확한 정보를 독자들에게 전달하기 위한 노력이 요구되었다. 획일성을 벗어나기 위해 각 언론사들은 전문적인 지식을 가진 기자들을 필요로 하게 되었으며 이로 인해 전문 기자가 등장하게 된 것이다.

또한 고도로 발달한 과학 기술 역시 언론의 전문성을 요구하는 요인이 되었다. 이전에 비해 교육 수준이 높아진 현대인들은 특별한 정보를 얻기를 원하며 여가 시간을 즐기기 위해 많은 정보를 효율적으로 처리할 수 있는 언론 시스템을 기대하게 되었다. 의학 전문 신문, 문화 예술 관련 신문 등 연속적으로 발행되어 전문적인 해설과 정보가 첨가된 매체들이 등장하면서 이와 관련된 전문 기자들도 늘어나고 있다.

전문 기자란 보건, 의학, 공학, 예술 등 특정 분야에 전문지식을 가지고 관련된 사건이나 정보에 대해 해설할 뿐만 아니라 앞으로의 동향까지도 제시할 수 있는 언론계의 기자를 말한다.

사회가 점차 세분화되고 전문화 되어가고 있다는 점에서 전문 신문의 등장은 예견된 사항이었으며 이와 더불어 전문기자의 등장은 자연스러운 현상이다.

처음 전문기자가 등장하였을 때에는 '경제' 분야에 두드러지게 많은 기자들이 등장하였지만 현재는 의학 전문 기자가 가장 높은 비율을 차지하고 있다. 의학 분야 다음으로는 군사 안보 분야의 기자가 많으며 문화, 예술, 문학 부분의 전문 기자는 이전에 비하여 상대적으로 많이 줄어든 실정이다.

그리고 전문 분야 역시 더욱 세분화되어 바둑 전문기자와 스포츠 레저 전문 기자 등 문화 부분에서도 세밀하게 자신의 전문 분야가 나누어져 있다.

초기의 전문 기자는 관련 전문기관에서 일했던 경력, 또는 해당 분야의 석사나 박사 학위를 가진 전문가를 채용하여 기자로 활용하였다. 언론사에서 자체적으로 전문 기자를 양성하기 보다는 전문가를 채용하여 기자로 일하게 하는 것이 훨씬 경제적이고 또한 효율적이었기 때문이다. 그러나 이들은 비록 전문적인 지식과 경험은 가지고 있었지만 언론의 기능을 수행하는 기자로서는 다소 서투른 점이 있었다. 그래서 기자들은 스스로 전문 기자가 되어 언론사 내의 자신의 가치를 높이기 위해 의학 분야를 비롯한 국제관계, 글로벌 경제, 복지 등의 분야에서 외부 전문가와 경쟁할 수 있는 정도의 수준으로 전문 지식을 쌓기도 한다.

전문가를 뽑아서 기자로 일하게 하느냐, 아니면 기자를 전문가로 양성하느냐 하는 것은 상황에 따라 다르겠지만 중요한 점은 이제 일반 상식적인 보도를 통해서는 시청자나 독자의 관심을 끌 수 없다는 것이다. 그만큼 일반 시민들의 의식 수준이 향상된 것이다.

언론은 독자의 요구를 따라가는 것이 본능이기에 언론의 수준 역시 진화할 수밖에 없을 것이다. 그래서 언론을 시대의 대변인이라고 하는 것이다.

NEWS
Public transportation

05 언론중재위원회

언론의 자유와 독립이 사람들에게 고유한 권리로 인식되면서 어떠한 기관이나 권력도 언론에 대해 규제하거나 간섭할 수 없게 되었다. 그러다보니 언론인들은 일반인이 가지지 못한 무형의 권력을 가지게 되어 자유롭게 정보원에 접근하여 취재를 하고 이를 자유롭게 세상에 알릴 수 있게 되었다.

그러나 언론인도 일반인과 마찬가지로 감정이나 이익에 영향을 받는 사람이다 보니 자칫 부주의하여 본의 아니게 타인에게 피해를 줄 수도 있는 것이다. 즉 국민의 알권리와 표현의 자유를 충족시키고 보호해야 하지만 항상 공정하고 객관적이어야 하는 것이 언론의 사명이기도 한 것이다.

따라서 누군가가 고의적으로 언론을 이용하여 남의 권리와 이익을 침해하였을 때는 일반적인 경우보다 죄를 더 무겁게 가중처벌 하도록 법이 규정하고 있다. 이는 언론의 영향이 그만큼 크기 때문에 그 피해 또한 크다는 것을 염두에 둔 조치로 여겨진다.

언론은 무엇보다도 인간의 존엄과 가치를 존중하여야 하고, 타인의 명예를 훼손하거나 타인의 권리나 공중도덕 또는 사회윤리를 침해하여서는 안 된다.

동시에 언론은 공적인 관심사에 대하여 공익을 대변하며, 취재·보도·논평 또는 그 밖의 방법으로 민주적 여론형성에 이바지함으로써 그 공적 임무를 수행하여야 한다.

그러나 언론과 관련하여 피해가 생겼다고 생각한다면 이는 일반적인 피해와 그 규모가 다르기 때문에 구제 방법 역시 일반적인 방법과 다르다.

이러한 방법과 절차를 규정해 놓은 것이 바로 '언론중재 및 피해구제 등에 관한 법률'이다. 이 법 제5조에 '언론, 인터넷뉴스서비스 및 인터넷 멀티미디어 방송(이하 "언론 등"이라 한다)은 타인의 생명, 자유, 신체, 건강, 명예, 사생활의 비밀과 자유, 초상(肖像), 성명, 음성, 대화, 저작물 및 사적(私的) 문서, 그 밖의 인격적 가치 등에 관한 권리(이하 "인격권"이라 한다)를 침해하여서는 아니 되며, 언론 등이 타인의 인격권을 침해한 경우에는 이 법에서 정한 절차에 따라 그 피해를 신속하게 구제하여야 한다'고 선언하고 있다.

그러나 언론에 의한 인격권 침해가 사회상규(社會常規)에 반하지 아니하는 한도에서 피해자의 동의를 받았든지 아니면 보도가 공공의 이익에 관한 것으로 진실한 것이거나 진실하다고 믿을 만한 정당한 사유가 있다면 언론은 그 보도 내용과 관련하여 책임을 지지 아니하도록 하고 있다. 이는 국민의 알 권리를 개인의 사리사욕보다 우선시 하는 민주시민사회의 가치를 반영한 것이라 할 수 있다.

언론중재위원회의 역할

언론중재위원회는 언론 매체의 보도에 의한 피해와 관련해 설치된 준사법기구이다. 언론중재위원회는 법률에 따라 설립되었으며 언론보도로 인한 분쟁의 조정 및 중재, 언론 피해와 관련된 법률 상담 서비스, 시정권고, 불공정 선거기사 심의 업무를 맡고 있다. 뿐만 아니라 언론중재위원회는 언론피해예방 및 구제교육을 통해 바람직한 언론 보도를 국민들에게 상식적으로 전하는 일도 맡고 있다.

언론중재위원회에서는 방송, 정기간행물, 뉴스통신, 인터넷신문 등과 같은 언론사의 보도에 의해 피해를 입은 개인에게 정정보도, 추후보도, 손해 배상 등의 방법으로 도움을 주며 그에 따른 법적 상담을 무료로 해주고 있다. 또 시정권고소위원회를 운영하여 사회적 혹은 개인의 법익 침해사항을 심의하고 문제가 발생했을 경우 해당 언론사에 시정을 요청하게 된다. 또 선거기사심의위원회를 설치하여 공정치 못한 선거보도에 대해 정정보도, 사과문 등을 게재하게끔 하는 일도 하고 있다. 공정성과 형평성, 객관성 및 사실보도, 정치적 중립성을 지키지 않은 기사들이 여기에 해당되게 된다.

언론중재위원회는 2019년 한 해 동안 3,500여 건의 청구를 접수 처리하였으며 그 중 절반이 정정보도 청구였다. 손해배상청구와 반론보도 청구가 그 뒤를 이었다. 매체별로는 인터넷 신문, 신문, 인터넷뉴스서비스, 방송, 뉴스통신, 잡지의 순이었다. 손해배상청구에는 명예훼손이 가장 많았고 초상권침해와 사생활 침해가 다수였다. 이러한 피해는 인터넷의 발달과 그를 통한 매체들이 늘어나는 가운데 지속적으로 증가하는 추세이다.

언론중재위원회의 구성

언론중재위원회는 40명 이상 90명 이내의 중재위원으로 구성하며, 다음과 같은 사람 중에서 문화체육관광부장관이 위촉한다.

- 법관의 자격이 있는 사람 중에서 법원행정처장이 추천한 사람
- 변호사의 자격이 있는 사람 중에서 대한변호사협회의 장이 추천한 사람
- 언론사의 취재·보도 업무에 10년 이상 종사한 사람
- 그 밖에 언론에 관하여 학식과 경험이 풍부한 사람

위원의 임기는 각각 3년으로 하며, 한 차례만 연임할 수 있다.

언론중재위원회의 주요 업무

- 언론 보도로 인한 분쟁의 조정 및 중재
- 언론피해와 관련된 법률상담서비스 제공
- 언론사에 서면으로 시정 권고
- 불공정 선거기사 심의

〈내용〉

-언론 · 출판 · 집회 · 결사의 자유

-언론 · 출판에 대한 허가 · 검열 금지

-집회 · 결사에 대한 허가 금지

-언론 · 출판의 자유에 대한 헌법적 제한

언론중재위원회를 통한 피해 구제

언론의 잘못된 보도로 인하여 피해를 입은 자는 언론중재위원회에 조정 또는 중재를 신청함으로써 피해를 회복할 수 있다.

언론의 오보 → 피해자의 신청
→ 중재위원회 조정 중재
→ 피해 회복 또는 소송

초상권과 인격권

■ 초상권 : 사진 등에 나타난 사람의 얼굴이나 모습을 보호하는 권리로 다음과 같은 것이 있다.

1.촬영 거절권 : 본인의 동의 없이 함부로 촬영되지 않을 권리

2.공표 거절권 : 촬영되었다 하더라도 본인의 동의 없이 함부로 세상에 널리 알려지는 것을 거절할 권리

3.초상 영리권 : 초상이 함부로 영리 목적에 이용되는 것을 거부할 권리

■ 인격권 : 자신의 생명, 자유, 신체, 건강, 명예, 사생활, 초상, 이름, 음성, 대화, 저작물 및 개인적 문서, 그 밖의 인격적 가치 등에 관한 독점적 권리

〈2019년 유형별 언론중재위원회에 조정 신청건수〉

총 청구건수	신문	잡지	방송	뉴스통신	인터넷 신문	인터넷 뉴스서비스	기타
3,544	462	12	436	187	2,055	388	4

〈2019년 언론중재 신청인 유형〉

총 청구건수	개인	일반단체	회사	교육기관	종교단체	국가기관	공공단체
3,544	1,934	532	652	74	45	66	241

*공공단체에 지방자치단체 포함.

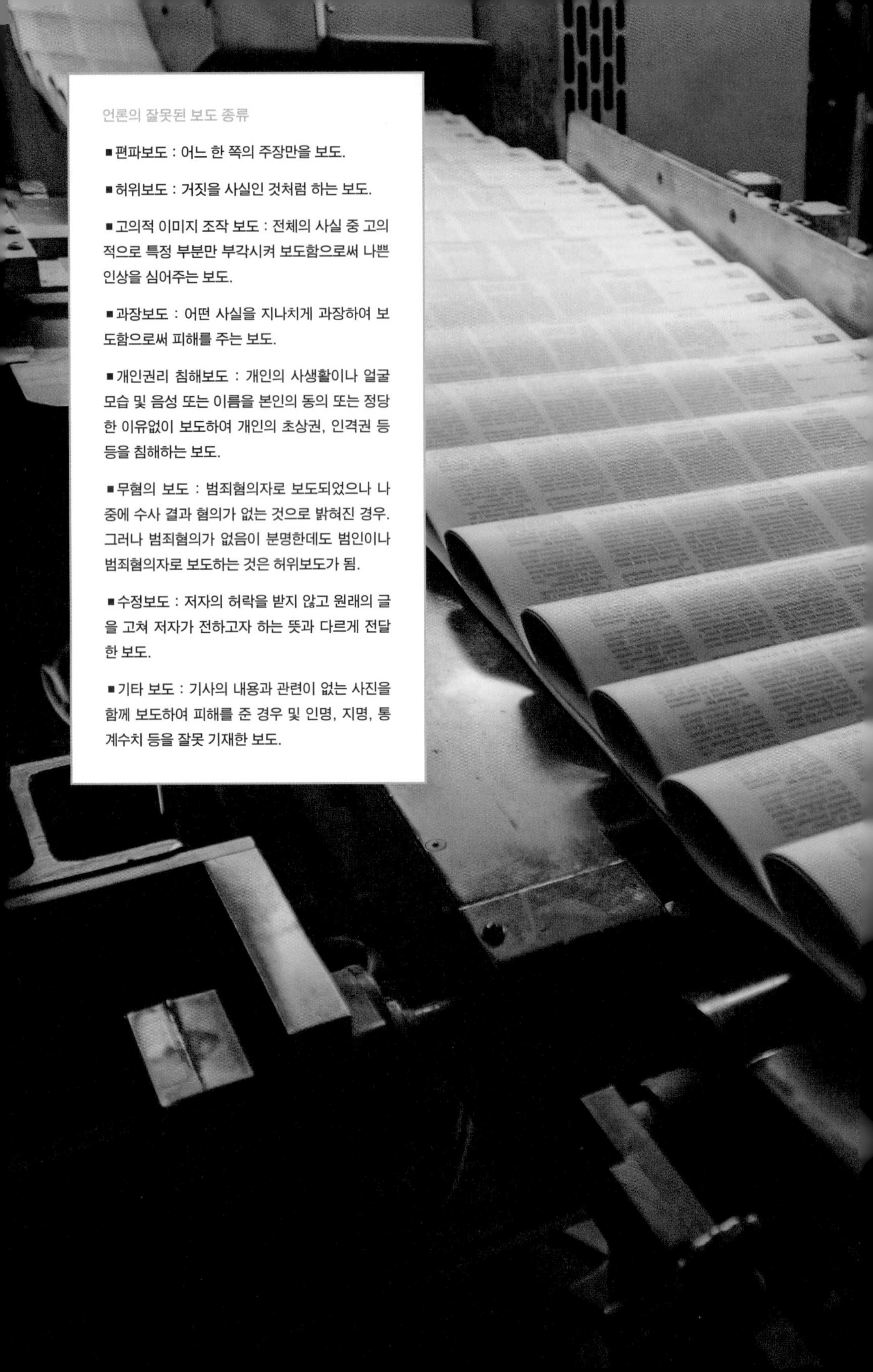

언론의 잘못된 보도 종류

■ 편파보도 : 어느 한 쪽의 주장만을 보도.

■ 허위보도 : 거짓을 사실인 것처럼 하는 보도.

■ 고의적 이미지 조작 보도 : 전체의 사실 중 고의적으로 특정 부분만 부각시켜 보도함으로써 나쁜 인상을 심어주는 보도.

■ 과장보도 : 어떤 사실을 지나치게 과장하여 보도함으로써 피해를 주는 보도.

■ 개인권리 침해보도 : 개인의 사생활이나 얼굴 모습 및 음성 또는 이름을 본인의 동의 또는 정당한 이유없이 보도하여 개인의 초상권, 인격권 등등을 침해하는 보도.

■ 무혐의 보도 : 범죄혐의자로 보도되었으나 나중에 수사 결과 혐의가 없는 것으로 밝혀진 경우. 그러나 범죄혐의가 없음이 분명한데도 범인이나 범죄혐의자로 보도하는 것은 허위보도가 됨.

■ 수정보도 : 저자의 허락을 받지 않고 원래의 글을 고쳐 저자가 전하고자 하는 뜻과 다르게 전달한 보도.

■ 기타 보도 : 기사의 내용과 관련이 없는 사진을 함께 보도하여 피해를 준 경우 및 인명, 지명, 통계수치 등을 잘못 기재한 보도.

피해자의 구제 신청 및 구제방법

■ 구제 신청

잘못된 언론보도로 인하여 피해를 입은 사람은 그 보도를 안 날로부터 3개월 이내에 그 구제를 신청하여야 한다. 그러나, 안지가 3개월이 안되어도 보도한 날짜가 벌써 6개월 이전의 것이라면 구제를 신청할 수 없다.

1.조정 : 피해자가 언론중재위원회신청.

2.중재 : 피해자와 언론사가가 언론중재위원회의 결정을 따르겠다고 합의할 경우에 신청. 이 경우에 언론중재위원회의 결정은 법원 판결과 같은 효력을 가짐.

■ 구제 방법

1.보도를 통한 방법 : 잘못 보도한 언론사가 보도 내용이 잘못되었음을 밝히는 '정정보도', 수사 결과 혐의가 없던지 아니면 무죄판결을 받았을 경우에 이를 보도하는 '추후보도' 또는 피해자가 작성한 보도문을 게재 또는 방송하는 '반론보도' 등이 있음.

2. 손해배상청구 : 언론보도로 인하여 피해가 발생했을 경우 이 피해에 대하여 배상을 요구. 언론중재위원회의 결정에 따라 손해배상을 청구할 수 있지만, 언론중재위원회를 거치지 않고 직접 언론사에 배상을 청구하던지, 언론사를 대상으로 법원에 손해배상 청구를 할 수 있음.

3.형사고소 : 피해를 준 언론사를 명예훼손 등의 이유로 형사고소할 수 있음. 형사고소는 언론중재위원회를 거치지 않고도 피해자가 바로 고소할 수 있음.

Part Two

Who&What

추억과 음악이 있는
On Air Day: 2014/2/6 Thursday
00 : 38: 18
13 : 58 : 12
13 : 19 : 54
13:59:59
LOVE IS LIKE OXYGEN
POWER SUPPLY

01 방송국

방송국이란?

TV를 비롯한 대중 매체를 통해 시청할 수 있는 프로그램들을 제작하고 전파를 통해 대중들에게 볼 수 있게끔 하는 곳이 방송국이다.

방송국은 분류 기준에 따라 여러 가지 방법으로 나누어지는 데 회사의 이윤 추구가 아닌 공공의 이익을 위한 목적으로 만들어진 방송을 공영방송이라 하며 시청자들의 시청료를 바탕으로 만들어진다. 이와는 대조적으로 방송사의 기업 이윤 창출을 목적으로 방송을 제작하여 송출하는 방송은 상업 방송이라 부른다.

또 어떤 전파를 이용하는가에 따라서는 라디오 방송과 텔레비전 방송으로 분류할 수도 있으며 방송을 시청할 수 있는 지역을구분하기 위해 중앙국과 지방국으로 구분하기도 한다.

방송국은 하고 있는 업무를 바탕으로 조직이 구성되어 있다.
편성·제작·보도·기술·업무·행정관리 부문 등으로 구성되는데 편성·제작은 어떤 프로그램을 언제 제작, 방송할 것인지와 같은 계획을 세우는 일과 시청자들이 보는 방송 프로그램을 기획하고 연출하여 하나의

콘텐츠로 만드는 일을 맡는다. 방송국 내에서는 자체적으로 프로듀서와 아나운서를 비롯하여 연기자, 분장사, 의상사, 세트 디자이너와 같은 방송 제작에 필요한 모든 인력을 채용하고 있기 때문에 프로그램을 제작하기가 용이하다. 그러한 이유로 방송국에서는 대부분의 프로그램을 방송국 내에서 자체적으로 제작하였지만 최근에 들어서는 드라마나 교양 프로그램을 외주 제작사에 맡기는 경우가 늘어나고 있는 실정이다.

뉴스를 비롯한 보도 부문에서는 많은 수의 기자들과 해외특파원을 통해 우리나라에서 다루어져야 할 현안들과 해외 주요 이슈들을 시청자에게 전달할 수 있게끔 하고 있다. 외국의 언론기관을 통하여 뉴스나 기사를 받아 이를 보도할 수 있지만 우리가 외국에 특파원을 직접 보내는 이유는 해외에서 발생하는 문제들을 외국의 입장이나 관점이 아닌 우리나라의 입장과 시각에서 국민들에게 보도하기 위함이다.

방송은 시대에 따라 계속적으로 변화해 오고 있는데 현대의 방송이 갖는 특징은 바로 다매체 다채널의 시대라는 것이다. 지상파 공영 방송만을 시청할 수 있었던 부모 세대와는 달리 최근에는 케이블방송, 인터넷방송 등 다양한 채널을 안방에서 만날 수 있게 되었다. 각각의 방송국은 책임감을 갖고 좋은 프로그램을 선별 제작하여 시청자에게 전해야 할 사명을 지니게 된 셈이다.

〈우리나라 방송 산업 현황(2021년 기준)〉

구분	공영방송	민영방송	종교/특수방송	종편/보도채널	지상파DMB
사업체 수	19개	12개	8개	6개	2개
종사자 수	8,639명	2,430명	1,610명	3,035명	43명
기자 수	1,483명	501명	306명	1,078명	0명
총 매출액	2조8,323억원	1조2,016억원	2,550억원	1조3,962억원	56억원

- 사업체 수 : 47개사
- 전체 종사자 수 : 15,757명
- 기자 수 : 3,368명
- 연 총매출액 : 5조 6,907억원

방송 제작 과정

방송 제작 과정은 뉴스 방송이냐 아니면 드라마 방송이냐 아니면 현장 탐방 프로그램이냐 등등 방송 프로그램의 종류에 따라 제작 과정이 다소 다르지만 크게 보면 기획 단계, 촬영 계획 단계, 녹화 제작 단계, 편집 단계, 방송 단계로 구분할 수 있다.

방송 제작은 보통 위와 같은 일련의 과정을 거치게 된다. 하나의 프로그램이 기획되면 프로그램을 맡게 되는 PD와 작가가 이와 관련된 아이템들이 모으고 선별하는 시간을 갖는다. 그 후 프로그램에 관련된 출연자나 연출 공간을 섭외하고 이를 바탕으로 답사를 한 뒤, 구성안을 짜게 된다. 구성안을 짜고 나면 촬영 계획과 스케줄을 세워지고 촬영이 이루어진다. 촬영된 비디오는 막 바로 시청자들에게 송출되는 것이 아니라 어떤 장면을 찍어 왔는지 다시금 재확인하는 프리뷰 과정을 거치게 된다. 몇 번의 편집 작업이 진행된 후 종합 편집에서 자막과 음향효과를 더한 후 사전 심의를 거쳐 송출되는 것이다.

예를 들면 전라도 맛집 탐방이라는 프로그램을 만들어 방송하는 것이 재미있겠다고 정해지면 먼저 전라도의 유명 음식들을 조사하여 시청자들의 흥미를 끌 수 있을 것 같은 음식을 정한다. 만일 비빔밥이 주제로 정해지면 이제 연예인 중 누가 전라도의 어느 음식점에 갈 것인지를 정하고 촬영이 가능한 연예인과 식당을 섭외하는 것이다. 섭외가 끝나면 PD와 작가, 즉 제작진들이 식당에 미리 답사를 하고 촬영이 가능한지를 살펴 본 뒤 40분이라는 방송 시간에 맞게 구성안을 제작한다. 제작된 구성안에 의해 현지에서 촬영을 끝낸 후 찍어온 영상에 대한 프리뷰를 거치게 된다. 그리고 방송 내용을

어떻게 만들 것인가 하는 계획에 따라 몇 번의 편집 작업을 하게 된다. 영상이 최종적으로 편집되면 그에 관련된 자막이나 음향효과를 넣어 종합 편집 작업을 하게 된다.

이렇게 완성된 프로그램은 심의 과정을 거쳐 시청자들에게 방송한다. 그런데 촬영한 영상을 세트장에서 진행자들과 함께 시청하는 프로그램일 경우에는 세트장에서 한 번 더 촬영을 하게 되며 위와 같은 과정을 다시 거치고 마찬가지로 사전 심의 후 송출하게 된다.

방송된 프로그램은 시청자들이 얼마나 재미있어 하는지, 재미없다면 무엇이 문제인지를 조사하여 다음 프로그램 제작 시에 반영한다.

뉴스 방송의 경우에는 취재 보도의 주제가 결정되면 먼저 취재에 필요한 사실이나 자료 및 배경을 조사하여 보도의 초점이나 구체적인 장소 및 인터뷰 대상자와 내용을 결정한다. 그리고 이들을 취재하기 위해 필요한 장비와 인원, 취재 시간에 대한 계획을 세우고 현장에서 촬영한다. 그리고 촬영된 영상에 대한 편집 콘티를 작성하고 이에 따라 녹화물을 편집하여 보도

내용을 만든다. 여기에 음향과 그래픽을 첨가하고 뉴스 대본을 작성하면 아나운서가 이를 보도한다.

교양 다큐, 뉴스, 예능 등 방송 프로그램에 따라 제작과정이 조금씩 다른데 이 덕분에 시청자들은 다양한 프로그램을 즐길 수 있는 것이다.

이러한 여러 단계를 거쳐 방송물이 제작되고 송출되는데 이중에서 특히 무엇을 어떻게 만들 것인가를 결정하는 기획 단계가 다른 어떤 과정보다도 중요하다. 왜냐하면 기획을 어떻게 하느냐에 따라 프로그램의 성격, 내용, 형식이 결정되기 때문이다. 그래서 좋은 기획을 하기 위해서는 시청자들이 바라는 바가 무엇이며 그것을 어떤 방식으로 조사할 수 있는지 등에 대한 종합적인 연구와 조사가 필요하다.

바로 이 기획 단계에서 담당 프로듀서의 독창성과 창조성이 발휘되는 것이다.

주요 방송국 프로그램 종류

- KBS 1TV : 교양 55.5%, 보도 31.5%, 오락 13.0%
- KBS 2TV : 교양 44.4%, 보도 9.7%, 오락 45.9%
- MBC : 교양 34.3%, 보도 20.3%, 오락 45.3%
- SBS : 교양 37.7%, 보도 16.0%, 오락 46.3%
- EBS : 교양 98.3%, 보도 1.7%

ⓒfaboi

PRODUCTION
ROLL
DIRECTOR
TAKE
SCENE
DATE

방송국에서는 어떤 사람들이 일을 할까?

방송사에서 일하는 인력은 세 가지로 분류할 수 있는데 제작인력, 기술인력, 출연진이다.

제작인력은 스탭진이라고도 하는데 프로듀서, 디렉트, 작가, 아트 디렉트 및 기타 보조 인력이 여기에 속하고, 기술인력은 무대를 조성하고 장비를 운용하여 실제로 영상을 촬영하는 사람들을 말한다. 그런데 여기서 편집에 관련된 사람들은 기술인력이라고 하지만 실제 작업에 있어서는 편집 방향이나 방식에 따라 프로그램이나 메시지의 전달 내용에 많은 영향을 미치기 때문에 요즈음은 제작인력으로 구분한다.

그리고 출연진에는 배우나 가수 또는 뉴스 보도에 등장하는 일반 출연자가 해당된다.

이러한 그룹 중 방송 분야에서 가장 중추적인 역할을 하는 사람들은 제작인력이지만 최근에 들어서는 통신과 인터넷의 영향이 높아짐에 따라 기술인력도 중요하게 여겨지고 있다. 2022년에 조사된 바에 의하면 방송 산업 종사자 수는 약 3만 7,130명으로 추산된다.

방송 산업은 오로지 '사람'을 위해 '사람'들이 컨텐츠를 생산하는 과정인 만큼 인력을 어떻게 기용하느냐가 매우 중요하다. 프로그램의 제작에 참여하는 사람들을 보통 '방송인'으로 부르지만 실제로는 어디부터 어디까지를 방송인이라 불러야 할지를 정하기가 쉽지 않다. 방송에 참여하는 사람들의 직업군이 너무나도 다양하기 때문이다. 프로그램의 제작에 참여하는 직업은 목수에서 아나운서와 의상 디자이너까지 이른다. 또 영상, 조명, 음향, 더빙, 편집, 녹화, 송출 등과 관련된 기술직에도 세분화된 작업에 따른 사람들이 방송을 위해 일하고 있는 것이다.

그중에서도 보도와 관련된 직종은 기자와 아나운서이다. 2021년 기준 약 3만 7,130여명의 방송인 중 기자는 3,918명이며 아나운서는 639명으로 전체 인력의 12%를 조금 넘는 수준이다.

〈방송 산업 직종별 종사자 현황(2021년 기준)〉

유형	지상파방송	유선방송	방송채널사용사업
임원	105명	70명	343명
경영직	1,655명	937명	3,060명
기자	2,314명	229명	1,375명
PD	2,406명	158명	2,296명
아나운서	470명	32명	137명
제작관련	2,183명	248명	2,206명
기술직	2,147명	1,369명	854명
연구직	136명	22명	291명
영업홍보	683명	1,289명	3,495명
기타	1,002명	88명	1,883명
합계	13,101명	4,442명	15,940명

〈방송 산업 인력 분류 체계〉

직군	직무	직무내용
편성	편성/운영	프로그램 편성 기획, 편성 운영, 프로그램 개발, 브랜드 마케팅 등의 업무.
	외주 제작	외주 제작, 영화·만화 등에 관한 외주 제작 업무.
보도	취재/보도/제작	취재기자 등의 뉴스 취재와 보도 업무. 카메라기자 등의 뉴스 영상 취재와 보도 업무. 뉴스 편집 등의 최종적인 뉴스 프로그램 제작 업무.
	스포츠 취재 및 제작	스포츠 기자 등의 스포츠 뉴스 취재 및 보도 업무. 스포츠 영상 제작 및 편집 등의 업무.
	아나운서	뉴스 등의 프로그램 진행 업무.
제작	프로그램 제작/제작 지원	방송 프로그램 기획 및 제작 업무. (PD, CG, 작가, 스크립터, 행정, 기록 등)
	영상	스튜디오 카메라를 이용한 방송 프로그램 제작 업무. ENG카메라를 이용한 방송 프로그램 제작 업무.
	조명	방송 프로그램 제작에 필요한 조명을 담당하는 업무.
	음향	방송 프로그램 제작에 필요한 음향을 담당하는 업무.
	무대	방송 프로그램 제작에 필요한 무대 디자인, 세트, 소도구, 작화 등의 업무.
	제작지원	방송 프로그램 제작에 필요한 의상, 소품, 분장, 미용, 가발, 특수분장 등의 업무.
	종합편집	영상, 오디오, 음향, 효과 등 방송 프로그램 종합편집 업무.
	중계	스포츠, 행사, 프로그램 등의 중계업무.
	디지털 컨텐츠 가공	타 매체 유통을 위한 콘텐츠 재가공 업무.

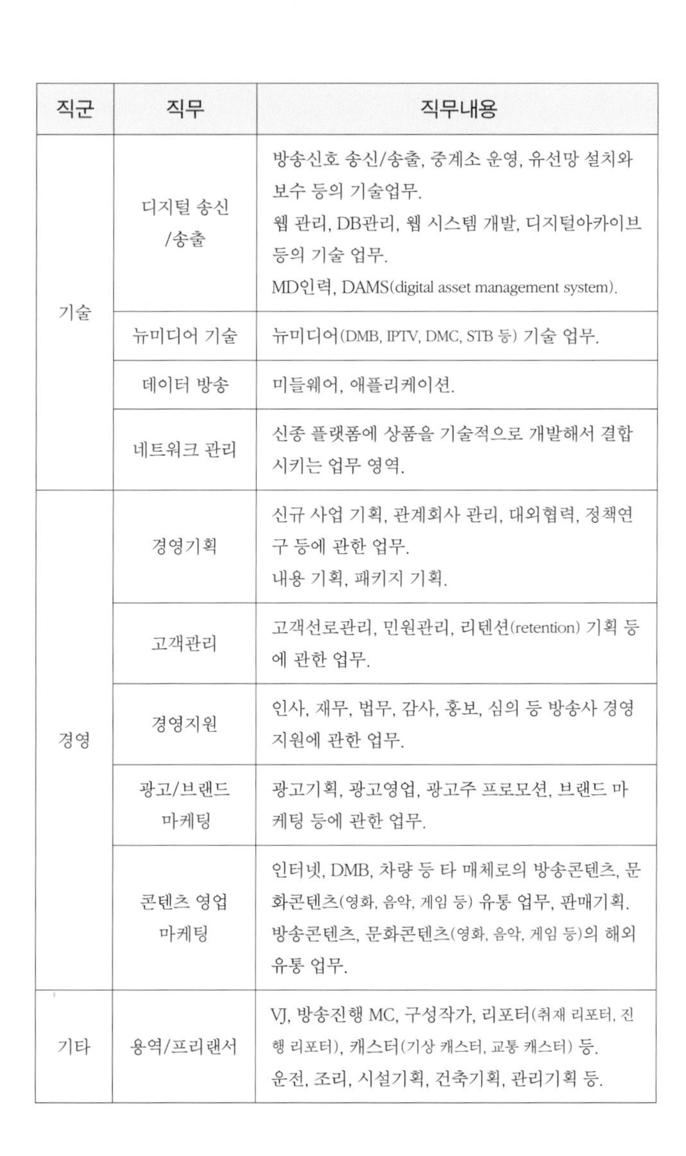

직군	직무	직무내용
기술	디지털 송신 /송출	방송신호 송신/송출, 중계소 운영, 유선망 설치와 보수 등의 기술업무. 웹 관리, DB관리, 웹 시스템 개발, 디지털아카이브 등의 기술 업무. MD인력, DAMS(digital asset management system).
	뉴미디어 기술	뉴미디어(DMB, IPTV, DMC, STB 등) 기술 업무.
	데이터 방송	미들웨어, 애플리케이션.
	네트워크 관리	신종 플랫폼에 상품을 기술적으로 개발해서 결합시키는 업무 영역.
경영	경영기획	신규 사업 기획, 관계회사 관리, 대외협력, 정책연구 등에 관한 업무. 내용 기획, 패키지 기획.
	고객관리	고객선로관리, 민원관리, 리텐션(retention) 기획 등에 관한 업무.
	경영지원	인사, 재무, 법무, 감사, 홍보, 심의 등 방송사 경영지원에 관한 업무.
	광고/브랜드 마케팅	광고기획, 광고영업, 광고주 프로모션, 브랜드 마케팅 등에 관한 업무.
	콘텐츠 영업 마케팅	인터넷, DMB, 차량 등 타 매체로의 방송콘텐츠, 문화콘텐츠(영화, 음악, 게임 등) 유통 업무, 판매기획. 방송콘텐츠, 문화콘텐츠(영화, 음악, 게임 등)의 해외 유통 업무.
기타	용역/프리랜서	VJ, 방송진행 MC, 구성작가, 리포터(취재 리포터, 진행 리포터), 캐스터(기상 캐스터, 교통 캐스터) 등. 운전, 조리, 시설기획, 건축기획, 관리기획 등.

방송 프로듀서(PD)

PD(PD : Producer, Program Director)는 영화 제작 감독처럼 방송 제작을 지휘하는데 방송 프로듀서라고 불리기도 한다. 이들은 텔레비전 및 라디오의 프로그램을 기획, 구성하여 제작하는 일을 하며 지상파 방송사, 종합 유선방송사, 독립 프로덕션 등에서 근무한다. 제작 외에도 프로그램의 제작에 소요되는 비용을 예산과 비교하고 관리하는 일이나 주요 출연진 및 스텝들을 섭외하는 일도 맡게 된다.

또 제작될 프로그램의 기획안을 검토하고 완성된 대본을 평가하며 방송 제작에 관련된 의상, 음악, 카메라 작업등을 제작진과 협의하는 업무를 맡는다. 제작에 참여하는 스텝들의 스케줄을 조정하는 일도 방송 프로듀서의 몫이다. 쉽게 말해 기획부터 촬영, 편집에 이르기까지 방송 프로그램을 책임지는 사람이라 할 수 있다. 방송 프로듀서는 작업 스케줄에 따라 근무시간이 변동되기 때문에 밤을 새는 일이 많으며 촬영에 관련된 장기간의 출장도 잦은 편이다.

이런 제작 PD외에도 방송사마다 프로그램을 요일별, 시간별로 편성하는 편성 PD가 있다.

방송프로듀서는 보통 각 방송사의 공개 채용을 통해 일하게 되며 종합유선방송사(CATV)나 독립프로덕션 등의 경우에는 인맥이나 학원 추천 등으로 채용하는 경우도 있다.

입사 후 일정 기간은 수습 기간으로 두고 업무에 적응하는 시간을 가진 후, 조연출로 활동하게 된다. 승진 과정은 조연출자, 연출자, 책임 연출자 등의 수순이다.

입사 후 한 프로그램을 맡게 되는데 까지 교양 프로그램은 3년, 오락프로그램은 5년, 드라마는 그 이상의 경력이 요구된다. 책임 연출자까지는 약 10년 이상의 시간이 필요하다.

최근에는 일정 수준의 경력을 쌓은 후 프리랜서로 전환하여 활발한 활동을 하는 방송 프로듀서도 나타나는 추세이다. 뿐만 아니라, 직접 독립 프로덕션을 세우고 방송사와 계약을 맺는 방송

프로듀서도 있다.

방송위원회의 『2022년 방송산업 실태조사 보고서』에 의하면 방송프로듀서(PD)는 2021년 12월말 기준 약4,861명으로 조사되었다. 이는 2009년의 3,894명에서 증가한 수치로 그 전의 조사 자료와 비교해도 국내 PD의 수가 지속적으로 늘어나고 있음을 알 수 있다. 방송기술의 발전과 방송 채널의 증가로 하나의 방송사 내에서도 기존과는 달리 많은 수의 프로그램이 요구된다.

이와 관련하여 앞으로 PD가 일할 수 있는 곳도 더욱 다양하고 많아질 것이라 전망되고 있다.

그러나 한편으로는 점차 방송사 내부 제작보다는 외주에 맡기는 방송이 늘어날 것으로 보여 방송국 보다 어려운 경영난을 겪고 있는 외주 제작사가 많기 때문에 PD들의 근무 환경이나 임금 환경이 나아질 것으로 보이지는 않는다. 또 매년 채용되는 인원에 비해 엄청난 수가 지원하고 있는 실정이기 때문에 방송 프로듀서가 되는 길은 더욱 어려울 것으로 예상된다.

방송 프로듀서의 남녀 비율은 8:2 정도이며 연령은 30대와 40대가 80%를 차지하고 있다. 학력 분포는 대졸 81%, 대학원졸14%로 대개가 고학력자이다. 임금 수준은 한국직업정보 재직자 조사에 의하여 상위 25%가 평균 6,900만원, 하위 25%는 3,800만원, 평균 4,700만원인 것으로 나타났다.

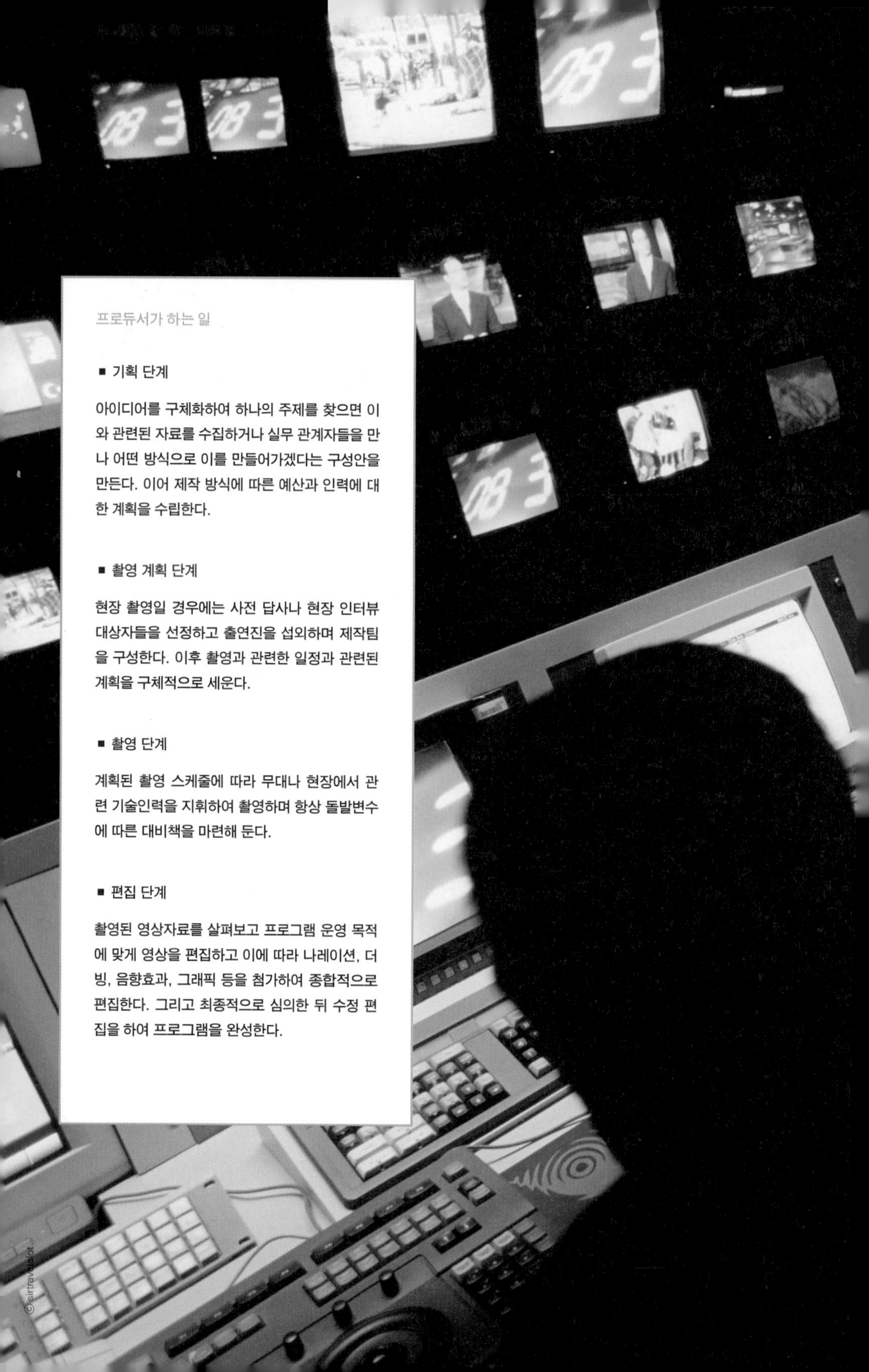

프로듀서가 하는 일

■ 기획 단계

아이디어를 구체화하여 하나의 주제를 찾으면 이와 관련된 자료를 수집하거나 실무 관계자들을 만나 어떤 방식으로 이를 만들어가겠다는 구성안을 만든다. 이어 제작 방식에 따른 예산과 인력에 대한 계획을 수립한다.

■ 촬영 계획 단계

현장 촬영일 경우에는 사전 답사나 현장 인터뷰 대상자들을 선정하고 출연진을 섭외하며 제작팀을 구성한다. 이후 촬영과 관련한 일정과 관련된 계획을 구체적으로 세운다.

■ 촬영 단계

계획된 촬영 스케줄에 따라 무대나 현장에서 관련 기술인력을 지휘하여 촬영하며 항상 돌발변수에 따른 대비책을 마련해 둔다.

■ 편집 단계

촬영된 영상자료를 살펴보고 프로그램 운영 목적에 맞게 영상을 편집하고 이에 따라 나레이션, 더빙, 음향효과, 그래픽 등을 첨가하여 종합적으로 편집한다. 그리고 최종적으로 심의한 뒤 수정 편집을 하여 프로그램을 완성한다.

아나운서

아나운서는 라디오나 텔레비전 방송에서 프로그램을 진행하거나 뉴스를 전달하는 일을 하는데 진행하는 프로그램에 따라 앵커, MC, DJ, 스포츠캐스터로 불린다.

앵커는 뉴스를 진행하고 방송 중 취재기자를 연결하며 뉴스 스튜디오에 방문한 유명인들을 인터뷰하기도 한다.

뉴스는 일반적으로 진행을 위한 대본이 마련되어 있지만 생방송으로 진행되는 경우도 많기 때문에 늘 긴장된 상태로 임해야 한다. 또 단순히 기사를 전달하는 것이 아니라 그 현안에 대해서 깊이 있는 이해를 바탕으로 핵심적인 문제의식을 시청자에게 전해야 한다.

아나운서는 뉴스 외에도 다양한 종류의 프로그램을 진행하게 되는데, 그런 경우에는 방송 시작 전에 프로그램의 기획 의도, 대본 등을 미리 분석하여 준비하여야 한다.

방송에 있어 아나운서들은 자신이 속해있는 방송국의 얼굴로 시청자와 가장 가까이에서 대면하는 존재라고 할 수 있다. 그렇기 때문에 의상과 분장에도 많은 정성과 시간을 투자하게 된다.

아나운서는 보통 자신이 맡은 프로그램의 방송 및 녹화시간에 따라 일하는 시간이 달라지는 편이다. 라디오나 뉴스 진행을 위해 새벽 혹은 늦은 밤에도 근무를 해야 하는 경우가 있으며 방송 편성이 많은 명절이나 연휴에는 더 많은 일을 하게 된다.

아나운서로 입사를 하게 되면 현장 경험을 익히는 시간을 갖게 된다. 그 후 시간이 흐르면서 비중 있는 프로그램을 맡게 되는데 승진 체계는 차장, 부장, 국장 순이다. 경력이 쌓이고 인지도가 높아진 아나운서들은

아나운서가 하는 일

- 방송 프로그램의 내용을 전달한다.
- 프로그램의 상징적 역할을 한다.
- 방송사의 대변인 역할을 한다.
- 시청자의 대리인 역할을 한다.
- 시청자를 교육하는 일을 한다.

프리랜서로 독립하여 여러 방송국에서 다양한 프로그램을 진행하기도 한다.

방송국의 수가 늘어나면서 아나운서의 필요성도 점차 높아지고 있다. 그러나 지상파에서 원하는 아나운서 인력은 매우 제한적이며 그 경쟁도 치열하다. 스타 아나운서의 출현으로 프로그램을 하나도 맡지 못하는 아나운서도 존재할 뿐만 아니라 프로그램의 진행을 개그맨이나 탤런트가 맡는 경우도 늘어나 아나운서가 활동할 수 있는 영역은 자꾸만 좁아지고 있는 실정이다.

아나운서의 남녀 비율은 1:1이며 연령은 20대가 26%, 30대가 45%, 40대가 25%, 50대가 4%로 30대 아나운서가 가장 많은 것으로 나타났다. 학력은 대졸 77%, 대학원졸 21%로 대개가 고학력자인 것으로 나타났으며, 임금 수준은 한국직업정보 재직자 조사에 의하여 상위 25%가 평균 5,800만원, 하위 25%는 3,000만원, 평균 4,700만원인 것으로 나타났다.

© Fedorovekb

방송기자

기자는 사람들의 주변에서 벌어지는 사건과 사고에 대해기사화 하여 전해 줄 뿐만 아니라 스포츠, 정치, 문화 소식, 세계 각국의 사안 등을 신속하게 알려주는 일을 한다.

매체가 다양화됨에 따라 TV, 라디오, 신문, 잡지 인터넷 등 각 분야에서 전문적으로 활동하는 기자들이 생겨나고 있다.

그 중에서 방송기자는 정치부, 사회부, 문화부, 경제부, 국제부, 체육부 등으로 세분화하여 자신이 담당하는 분야의 사건과 사고 등을 취재하여 기사를 작성하고 전달하는 일을 한다. 이 부분은 신문기자도 마찬가지어서 방송기자와 신문기자는 각 정부 부처와 경찰서를 출입하며 그 기관에 관련된 사안들을 기사화 하거나 독자나 시청자들의 제보를 받아 인물을 취재한다. 때로는 특정 사안에 대하여 심층 취재를 하기도 한다.

방송 기자는 취재계획서를 작성하여 검토 받은 뒤 승인이 나면 일정을 잡아 촬영 기자를 비롯한 스탭과 함께 현장으로 취재를 가게 된다. 촬영된 테이프는 기획 취지와 방송시간량에 맞추어 편집 후 방송된다.

전체 방송기자의 대부분은 지상파 방송사 소속이다. 이들은 주로 지상파 방송 3사와 뉴스를 전문으로 하는 방송, 지역민영방송에 소속되어 활발하게 활동하고 있다. 채널의 수가 증가하면서 방송 시장이 넓어졌다는 점, 스마트 폰의 발달에 발맞추어 시청자들의 정보 습득이 즉각적으로 이루어지고 있는 점에서 신속한 정보 전달을 위해 전문화된 방송 기자의 필요성이 높아지는 실정이다.

방송사의 기자 채용은 언론고시라 부를 정도로 그 준비 기간이 길고 경쟁 또한 치열하다. 방송 기자는 취재를 하면서 여러 분야의 지식인들을 만나고 정보를 얻기 때문에 일정 기간이 지나면 기업의 홍보 관련 업무, 광고 업무 쪽으로 진출하기도 한다.

방송기자의 남녀 비율은 8:2로 남자의 비율이 높다. 연령은 20대가 12%, 30대가 64%, 40대가 23%, 50대가 1%로 30대 방송기자가 가장 많은 것으로 나타났다. 학력 분포는 대졸 75%, 대학원졸 24%로 대개가 고학력자인 것으로 나타났으며, 임금수준은 한국직업정보 재직자 조사에 의하여 상위 25%가 평균 5,900만원, 하위 25%는 3,800만원, 평균 4,800만원인 것으로 나타났다.

© wellphoto

© Shishkin Dmitry

연출자

디렉터라고도 하는데 연출자는 프로듀서가 작가와 함께 개발한 아이디어를 영상으로 만드는 작업을 책임진다. 즉 프로그램을 만드는 실무 감독으로 출연자와 제작진을 지휘 감독하여 기획 의도를 구체적으로 형상화하는 일을 하는 자이다. 즉, 출연자의 의상과 분장이라 던지, 조명이라 던지 무대세트 장치 등등에 대하여 생각하고 이를 통괄적으로 관리할 뿐만 아니라 출연자의 연기와 기술적인 사항까지 지도하여 프로그램을 만든다.

그런데 현장에서는 연출자와 프로듀서의 역할이 명확하게 구분되어 있지 못하고 겹쳐 있는 경우가 많다. 특히 규모가 작은 방송사든지 외주 제작업체일 경우에는 프로듀서가 연출을 겸하기도 한다.

그외 직업들

■ 필드 프로듀서: 야외 촬영 시에 프로듀서를 보조하는 역할을 하는데 프로듀서가 겸하기도 한다.

■ 아트 디렉터: 촬영 세트장 구성과 디자인 또는 야외 촬영의 경우 배경 디자인과 관련된 일을 책임진다.

■ 스튜디오 감독: 스튜디오에서 진행되는 촬영 작업에 대하여 책임을 지고 일하는 사람인데 탤런트나 출연자에게 필요한 지시를 내리고 감독의 큐신호를 전달한다.

Underwood

02 신문사

신문사란?

인류의 가장 놀라운 발명이라 불리는 인쇄술의 발명으로 그 전보다 많은 양의 책이 출판될 수 있게 되었다. 그 후 그런 동향과 발맞추어 대중 매체가 등장하게 되었고 신문은 그러한 과정 가운데에서 가장 최초의 것이었다. 신문은 일반 대중들에게 영향력을 미칠 수 있는 유력한 미디어가 되어 주었다.

신문은 대중이 알지 못하는 사건 사고를 선별하여 전달해 준다는 면에 있어서 편집자가 어떤 기사를 선택하느냐, 그리고 신문 기자가 어떤 사건사고를 취재하느냐는 매우 중요한 문제이다. 대중은 신문이 전달하는 정보에 의지하고 있기 때문에 보도기사의 정확성 또한 신문을 만드는 데 있어서 심각하게 다루어져야 하는 부분임이 틀림없다.

© A. Aleksandravicius

오늘날 개인들이 실시간으로 사건 사고를 전달할 수 있는 소셜 네트워크 서비스(SNS)나 인터넷 뉴스, TV뉴스가 등장하기 전에는 신문이 유일한 대중전달매체였다.

그런 상황에서 신문은 시간을 다투어 보도하는 속보성이 요청될 수밖에 없었던 것이다. 그러나 통신기술의 발달로 인해 이제 신문은 속보성 보다는 전문적인 해설과 심층 보도가 더욱 요구 되는 매체로 전환되어가는 실정이다.

신문은 사회와 국가, 세계에서 일어나고 있는 사건 사고들을 객관적인 시각으로 대중들에게 알린다. 그리고 그런 문제의 원인을 밝혀내거나 어떤 해결 방안을 제시하기 위해 사설란을 두고 논평을 한다.

신문 기사의 종류

- **보도기사 : 스트레이트 기사라고도 하며 사실을 6하원칙(5W1H)에 따라 객관적으로 전달하는 글**
- **해설기사 : 보도기사 내용에 대해 그 배경과 원인을 설명하는 글**
- **의견기사 : 사설, 칼럼, 비평 등과 같이 주관적인 해석이나 주장을 실은 글**

〈2021년 종이신문 산업 매출 현황〉

(단위: 백만 원)

구분	광고수입	부가사업 및 기타사업수입	종이신문 판매수입	인터넷상 컨텐츠 판매수입	합계
매출액	2,109,114	446,389	666,978	111,683	3,334,165
비중	63.3%	13.4%	20%	3.3%	100%

신문 제작 과정

신문 제작은 인터넷 기술의 발달로 많은 변화를 겪고 있다. 종이 신문을 구독하려하는 가정이 줄어드는 이유 역시 인터넷을 이용한 전자 신문 구독이 가능해졌기 때문이다. 오후에 독자들이 받아볼 수 있는 석간신문의 경우 편집국장을 비롯한 사람들이 기자들 보다 먼저 회사에 나와서 그 전날 기자들이 작성한 기사를 가지고 회의를 거친다. 오전에 기자들이 출근을 하면 미리 논의되어 있는 데로 그 전날의 기사를 수정하는 과정을 거치게 된다. 2~3시간의 편집이 끝나고 점심 때가 되면 신문이 인쇄소에 맡겨지고 기자들은 오후 취재를 나가게 된다. 석간신문을 발간하는 신문사에서 일하는 기자들의 간단한 일상이다.

때로 신문사에서는 일주일, 한 달, 또는 연 단위로 기획 기사를 계획하기도 하는데 그런 경우에는 그에 맞게끔 기자들의 생활이 이루어진다.

신문사에는 어떤 사람들이 일을 할까?

신문사는 각 나라의 언론 제도와 규모, 운영 형태에 따라 다양한 조직 구조를 지닌다. 우리나라의 경우 일간 신문사들은 주식회사의 형태를 가지고 있는 경우가 많은데 보통 최고 의결기구라 할 수 있는 이사회가 있으며 회사의 기본 방침 등을 정한다.

이사회 밑에 발행인과 사장, 전무, 상무가 있으며 이런 임원 조직 아래에 편집국, 공무국, 광고국, 판매국, 총무국과 같은 다섯 개의 국으로 편성되어 있는 데 신문의 내용을 만드는 편집부서와 만들어진 내용을 종이에 인쇄하는 제작부서, 그리고 신문과 관련하여 광고나 판매를 담당하는 영업부서 및 행정 지원을 담당하는 총무부서로 특징 지워진다.

신문사 편집부서

신문사에서 가장 중요한 부서로서 보통 신문사 편집국으로 불리는 곳인데 취재, 보도 및 편집에 관한 일을 한다. 편집국은 정치, 경제, 문화, 사회, 스포츠 등 여러 분야에서 일어나는 일들을 취재하여 기사화하는 취재부서와 취재된 기사를 가지고 신문지면을 만드는 작업을 하는 편집 및 지원부서로 나누어진다.

기자들은 취재부에 소속되어 편집회의에서 결정된 사건이나 문제들을 취재하여 편집부에 보내면 편집부에서는 이를 편집 방향에 따라 신문으로 만든다. 이때, 편집부에서 필요에 따라 독자들이 흥미롭게 보도록 디자인적 요소를 첨가하거나 보충자료를 조사하여 신문지면을 재미있게 구성한다.

일반적으로 취재부에 소속된 사람들을 취재기자라 하며 편집부에 소속된 사람을 편집기자라고 하는데 구체적으로 다음과 같은 일을 한다.

취재 기자는 대부분 현장에서 마감 시간에 늦지 않게끔 기사를 작성하여 보내는 일을 맡는다. 정치, 경제, 사회, 스포츠, 연예 등의 주요 분야 중 한 부서를 맡에서 그에 관련된 기사를 작성하게 된다. 사회부 기자는 경찰서를 비롯해 사건, 사고에 관련된 기사 소재를 찾아야 하므로 경찰서와 같은 공간에서 시간을 보내는 일이 많다. 정치부나 사회부 등 특정 분야에서 일정 기간 기자로 생활한 후에는 다른 분야로 이동하게 되며 그러한 과정을 겪으며 기자로써의 경력을 쌓고 전문인이 된다.

사건 사고가 발생하면 어디든지 현장으로 가야하기 때문에 근무 시간이 불규칙 하며 스포츠 신문 기자의 경우 야간과 주말에 몰린 경기로 인해 주말 여가시간을 보낼 기회가 부족하다. 각 신문사 마다 전문 기자가 있으며 의학, 공학, 예술, 경제 등 다양한 분야에서 자리를 잡고 있다.

편집부에서는 편집 기자가 일을 하며 취재 기자들이 취재해 온 내용을 검토하고 그 중요도에 따라 기사, 사진, 관련 자료를 어디에 배치할 지를 정하게 된다. 뿐만 아니라, 기사 내용을

다듬는 작업 또한 편집 기자가 할 일이다. 취재 기자가 열 장으로 써온 기사를 열 줄로 줄여야 하는 일을 맡기도 하는 등 취재 기자의 변화무쌍한 일과는 달리 창의성과 신속성을 요하는 일이라고 할 수 있다.

마감 시간 전까지 신문의 전반적인 모든 부분들을 확인하고 점검해야 하는 작업인 만큼 초과 근무나 밤샘 근무를 할 때가 많다. 일간신문이 아니더라도 최근의 사건 사고를 실어야 하는 신문의 특성 때문에 업무가 마감 시간에 몰리게 될 수밖에 없다. 그로 인한 스트레스와 사건 사고로 인한 긴장감에 쫓겨야 하는 만큼 어려움이 따르는 일이라 할 수 있겠다.

많은 양의 글을 짧게, 또는 짧은 글을 길게 만드는 일을 반복하게 되므로 경력이 쌓이고 나면 광고 회사의 카피라이터와 같은 홍보 업무로 직장을 옮기기도 한다.

최근 주요 일간지 신문사에서 방송을 결합하면서 중복되는 인력이 조정되는 등의 일자리 감소가 나타났다. 또 무료로 배포하는 신문의 등장은 신문사의 경제적 어려움을 불러 일으켰으며 이로 인해 기자 고용이 하락할 것이라는 전망이 있었다. 그러나 최근 들어 미디어 영역이 넓어지고 그로 인해 투자가 높아지면서 기자들의 일자리 창출이 늘어날 것이라 보여 진다.

신문기자의 남녀 비율은 7:3으로 남자의 비율이 많다. 연령은 20대가 21%, 30대가 51%, 40대가 24%, 50대가 4%로 30대 신문기자가 가장 많은 것으로 나타났다. 학력 분포는 대졸 77%, 대학원졸 21%로 대개가 고학력자인 것으로 나타났으며, 임금수준은 한국직업정보 재직자 조사에 의하여 상위 25%가 평균 5,400만원, 하위 25%는 3,200만원, 평균 4,000만원인 것으로 나타났다.

신문사 제작부서

편집국에서 만든 신문을 종이에 인쇄하는 부서인데 제작국이라고 하기도 하고 공무국이라고 하기도 한다. 옛날에는 활자로 판형을 떠서 윤전기로 인쇄하였지만 요즈음은 컴퓨터 조판시스템으로 바뀌어져 작업이 많이 단순해지면서 인력도 크게 줄었다.

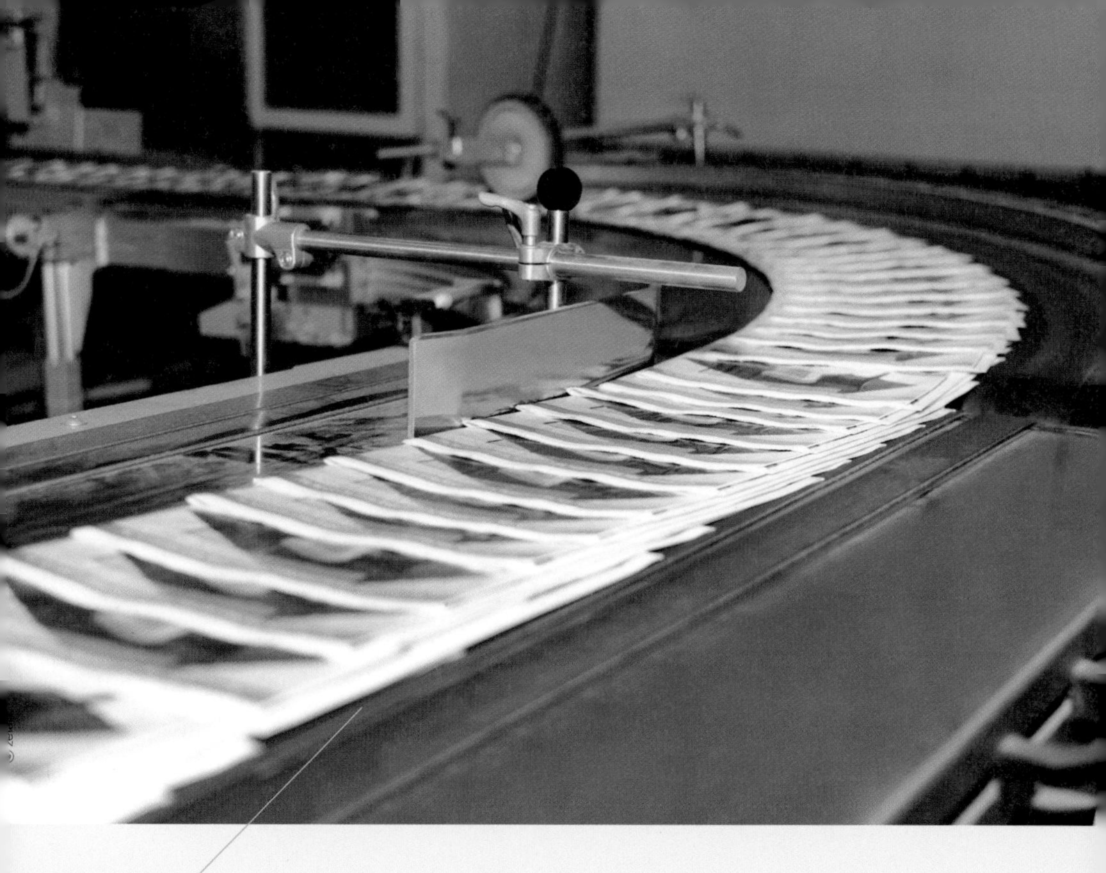

신문사 영업부서

영업부서는 신문에 실을 광고를 전담하는 광고국과 인쇄된 신문을 배포하고 판매하는 판매국으로 되어 있다. 이중에서 광고국이 오늘날에는 신문사의 중요한 위치를 차지하고 있는데 이는 광고국의 활동에 따라 신문사 수입이 큰 영향을 받기 때문이다. 옛날에는 편집국이 신문사에서 제일 중요한 역할을 했지만 현대에 와서는 광고국이 편집국 못지 않은 대우를 받는 것은 바로 신문사의 재정을 책임지기 때문이다.

광고국에서는 기업이나 단체 또는 개인의 광고를 접수하는 일을 하지만 그 이외에 고객 관리 업무도 처리한다.

광고의 규격

- 신문 면을 세로로 15등분 하였을 때 아래에서부터 1칸을 1단이라고 한다. 가로로는 12등분을 하며 1칸을 1컬럼이라고 한다. 그래서 광고의 크기는 가로 몇 컬럼×세로 몇 단 식으로 표현한다.
- 광고는 주로 4단, 5단, 8단 광고를 하며 15단 전면 광고를 싣기도 한다.
- 1단 광고는 주로 간단한 내용을 광고할 때 사용한다.

〈일간신문 부문별 종사자 현황(2021년 기준)〉

부문	임원	사업/기획	논설	편집국	광고/마케팅
종사자 수	423명	582명	327명	9,614명	1,099명
부문	경영지원/사업	제작	출판/인쇄	기타	
종사자 수	1,923명	1,096명	553명	322명	

〈국내 일간신문 발행 부수(2018년 기준)〉

전국 일간신문	지역 일간신문	경제신문	스포츠신문	외국어신문	기타 신문	합계
5,168,355부	1,672,813부	1,747,714부	525,119부	72,774부	199,633부	9,386,408부

〈종이신문 일간지 기자 현황(2021년 기준)〉

전국종합	지역종합	경제	스포츠	외국어	기타전문	무료	합계
3,186명	3,742명	2,098명	211명	100명	445명	38명	9,820명

〈종이신문 주간지 기자 현황(2021년 기준)〉

전국종합	지역종합	전문주간	합계
413명	1,621명	2,607명	4,641명

© industryviews

© zefart

VATERGLÜCK
Männer sprechen
ihre neue Rolle
/06 Januar/Februar ZKZ 13987 F Deutschland € 3,3
trends glaub
Tokio Hotel //
Das knallt, das nervt
delirious? //
Über ihre neue CD
Christian Hosoi /
Die Skate-Legende
u_magazine
nr. 2 · januar/februar 06
pop style stories
George Clooney
Ein Hollywoodstar kritisiert die US-Medien
Will Hans
Das neue Prada-Model
Camille de Toledo
Was der Kapitalismus aus uns macht
Thomas Kretschmann
Träume groß wie King Kong
Thees Uhlmann über Optimism
Babyshambles über Enttäusc
Kim Cattrall über sich selbst
Fotostrecke: Hund Am Stran
VERNISSAGE
www.vernissageverlag.de
NORD
ARISTIDE
MONET
HAMBURG Rückkehr ins All MÜNSTER
einer Privatsammlung AHLEN/HAMM/
Theater & andere Spektakel OSNABRÜCK
Records and Covers by Artists OSNABRÜCK
Gehirn&Geist
DAS MAG
150 JAHRE
Das
neu
Hirnfo

03 잡지사

잡지란?

TV 신문 라디오와 함께 4번째의 대중매체인 잡지는 오늘날 인터넷의 등장과 잡지시장의 위축으로 5번째 대중매체로 밀려났지만 다른 출판물과는 차별화 되는 특성을 갖는다.

무엇보다도 같은 제목을 가지고 일정 기간에 지속적으로 발행된다는 점과 다양한 읽을거리를 싣고 있다는 점이 특징이다. 또 신문과는 달리 책의 모습을 하고 있다는 점, 신문이나 방송에 비해 내용의 신속성에 비중을 두지 않는다는 점 역시 잡지의 특징으로 꼽을 수 있다.

신문에게 요구되는 객관성과는 대조적으로 잡지는 특별한 계층이나 집단을 위해 제작되는 경우가 많기 때문에 각 잡지의 발행 목적에 따라 주관적 시각을 가질 수 있다.

잡지만의 이러한 특성으로 인하여 많은 대중의 관심과 사랑을 받아오고 있다. 그런데 최근에 들어서는, 독자들의 관심 영역이 세분화되면서 다양한 신간 잡지들이 매년 등장하고 있으나 운영난으로 인해 폐간되는 잡지도 늘어나는 추세이다.

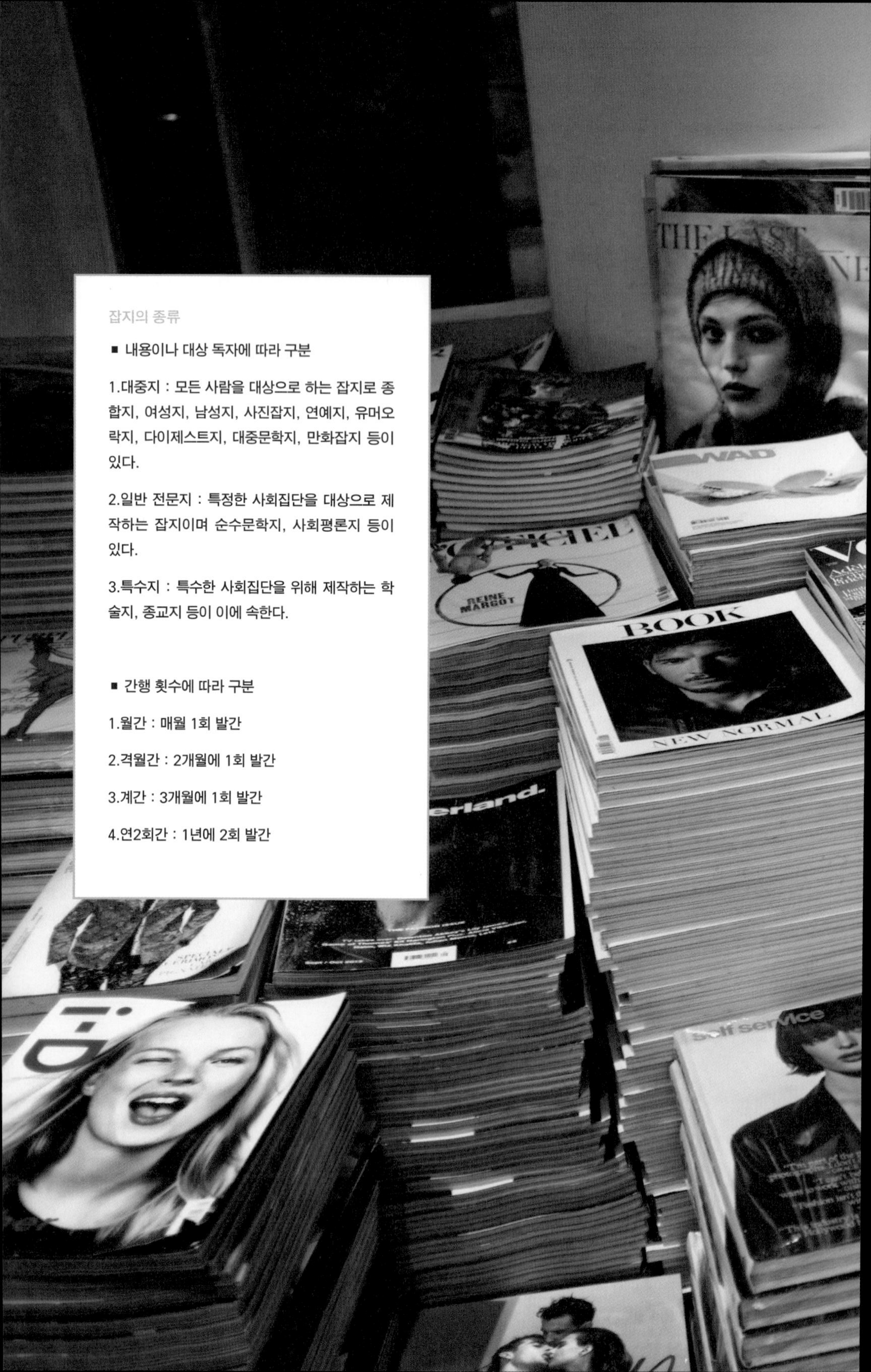

잡지의 종류

■ 내용이나 대상 독자에 따라 구분

1.대중지 : 모든 사람을 대상으로 하는 잡지로 종합지, 여성지, 남성지, 사진잡지, 연예지, 유머오락지, 다이제스트지, 대중문학지, 만화잡지 등이 있다.

2.일반 전문지 : 특정한 사회집단을 대상으로 제작하는 잡지이며 순수문학지, 사회평론지 등이 있다.

3.특수지 : 특수한 사회집단을 위해 제작하는 학술지, 종교지 등이 이에 속한다.

■ 간행 횟수에 따라 구분

1.월간 : 매월 1회 발간

2.격월간 : 2개월에 1회 발간

3.계간 : 3개월에 1회 발간

4.연2회간 : 1년에 2회 발간

Please!
Please!
Please!
Numéro
Numéro
MISTERMUSE
THE POET
IN RHYME
Numéro
147
Mode
147
Mode
FABULOUS FALL
FASHION

잡지 제작 과정

잡지를 만드는 과정은 회사마다 약간씩 차이가 있지만 대략적으로 다음과 같은 과정을 거쳐 한권의 잡지책이 만들어진다.

기획 → 취재, 사진, 원고청탁 → 편집디자인 → 교정
→ 필름출력, 최종교정 → 인쇄

잡지는 먼저 편집 계획을 거쳐서 만들어지게 된다. 월간지의 경우 보통 3개월 전부터 이러한 계획이 세워지게 되며 이전에 발간된 잡지를 분석하고 이번 호에 실을 내용을 선별하게 된다. 그런 내용을 정한 후 어떤 주제를 다룰까를 고민해야 하는데 이는 독자들의 관심사와 일치되어야 함으로 매우 까다롭고 어려운 일이다. 이러한 구체적인 주제를 편집인이 제시하고 나면 예산을 비롯하여 시의성과 게재 가능성 등을 고려하여 내용을 선정하게 된다.

각 내용을 담당하게 될 기자들과 필자, 원고 매수, 실제 면수 등을 고민하여 편집 계획서가 작성되고 그런 업무가 완료되어야할 날짜 또한 정해지게 된다.

일단 편집 계획이 완료되면 이 스케줄에 따라 취재팀은 취재를 하여 기사를 작성하고, 일부는 원고를 외부인사에게 청탁하며 사진팀은 사진 촬영을 하게 된다.

이렇게 만들어진 기사 원고, 외부 원고, 사진 원고는 편집 디자인팀으로 넘어간다. 편집 디자인팀은 포맷에 따라 각 페이지를 편집하며 필요할 경우 다양한 미술적 효과를 첨가한다.

요즈음은 전자편집시스템으로 편집하기 때문에 일이 많이 수월해졌지만 아직까지 상당한 끈기와 예술적 재능이 요구되는 부분이다.

편집이 1차적으로 끝나면 이를 출력하여 교정을 보게 된다. 이때에 회사 규모에 따라 다른데 큰 잡지사에서는 전문교정팀이 있지만 조그만 회사에서는 취재팀과 편집팀이 편집장을

중심으로 함께 교정을 보기도 한다.

교정이 끝나면 수정 보완 편집을 하여 인쇄소로 넘기면 먼저 필름으로 출력하여 인쇄 직전에 색상을 비롯한 최종적인 교정을 본다. 여시서 통과되면 인쇄에 들어가 잡지로 제본되어 나오며 배본회사나 서점으로 배송되어 판매된다.

신문과 잡지의 구분

- 신문 : 월 2회 이상 발행하는 정기간행물
- 잡지 : 월 1회 이하 발행하는 정기간행물

〈잡지 발행 현황(2021년 기준)〉

월간	격월간	계간	연 2회간	합계
815개	144개	396개	166개	1,521개

잡지사 편집장

편집장은 기자들의 취재와 작성된 기사의 편집 업무 등을 총괄하고 이에 관련하여 날짜와 예산 등을 감독 조정하는 일을 맡는다. 편집 계획을 통해 세워진 일정에 맞게 관련 업무를 취재기자와 편집 기자에게 분담하여 지시하며 그 결과물을 최종적으로 확인하는 일을 한다. 기사에 관련된 사진과 그림, 삽화 등을 편집 디자이너에게 받아서 최종 교정을 검토하고 견본 페이지를 살피는 업무 또한 편집장이 할 일이다.

편집장은 잡지 출판에 관련하여 보통 10년 정도의 경력이 필요하며 고객의 요구와 시장의 흐름을 잘 파악하는 능력이 요구된다.

앞으로는 기존의 종이 잡지가 아닌 디지털 매체의 출판물을 기획할 수 있는 편집장이 출판계에서 환영받을 것으로 예상된다. 이러한 시대적 흐름이 아니더라도 오늘날에 편집은 거의 전자편집디자인 시스템을 활용하여 작업하기 때문에 편집장은 반드시 전자 출판에 관한 지식을 갖추고 있어야 한다.

잡지사 편집기자

잡지사의 편집 기자는 잡지가 다른 일반 간행물에 비하여 사진이나 그림이 많기 때문에 편집 디자이너라 불리기도 한다.

편집 기자는 편집 기획 방향에 따라 취재 기자들이 보내온 원고나 사진 및 외부 청탁원고에 적당한 제목을 달고 그에 맞는 사진, 그림 자료 등을 지면에 적절히 배치하는 일을 하게 된다. 이 작업에서 주로 일러스터나 포토샵을 이용하여 지면을 디자인하고 도표를 만들며 필요한 경우에는 컷이나 배경 처리를 하여 시각적 효과를 최대한 높인다. 그래서 잡지의 질은 똑같은 내용의 기사나 사진을 가지고 만들어도 편집 디자이너의 능력에 따라 달라진다.

잡지는 읽는 것도 중요하지만 보는 것도 중요하기 때문에 독자들의 눈길을 끌 수 있도록 편집한다. 따라서 신문사 편집 기자보다 잡지사의 편집 기자는 그 역할이 훨씬 중요하다고 하겠다. 잡지사 편집 기자를 편집디자이너라고 부르는 것은 그만큼 편집 디자이너의 예술성과 창작성이 요구되기 때문이다.

그러한 과정을 거치고 나면 시험 출력을 통해 완성된 잡지면의 문제점을 파악하고 보완하는 과정을 거친다.

잡지 기자의 남녀 비율은 6:4로 남자의 비율이 많다. 연령은 20대가 27%, 30대가 52%, 40대가 16%, 50대가 6%로 30대 잡지기자가 가장 많은 것으로 나타났다. 학력 분포는 대졸 85%, 대학원졸 13%로 대개가 고학력자인 것으로 나타났으며, 임금수준은 한국직업정보 재직자 조사에 의하여 상위 25%가 평균 4,000만원, 하위 25%는 2,700만원, 평균 3,200만원인 것으로 나타났다.

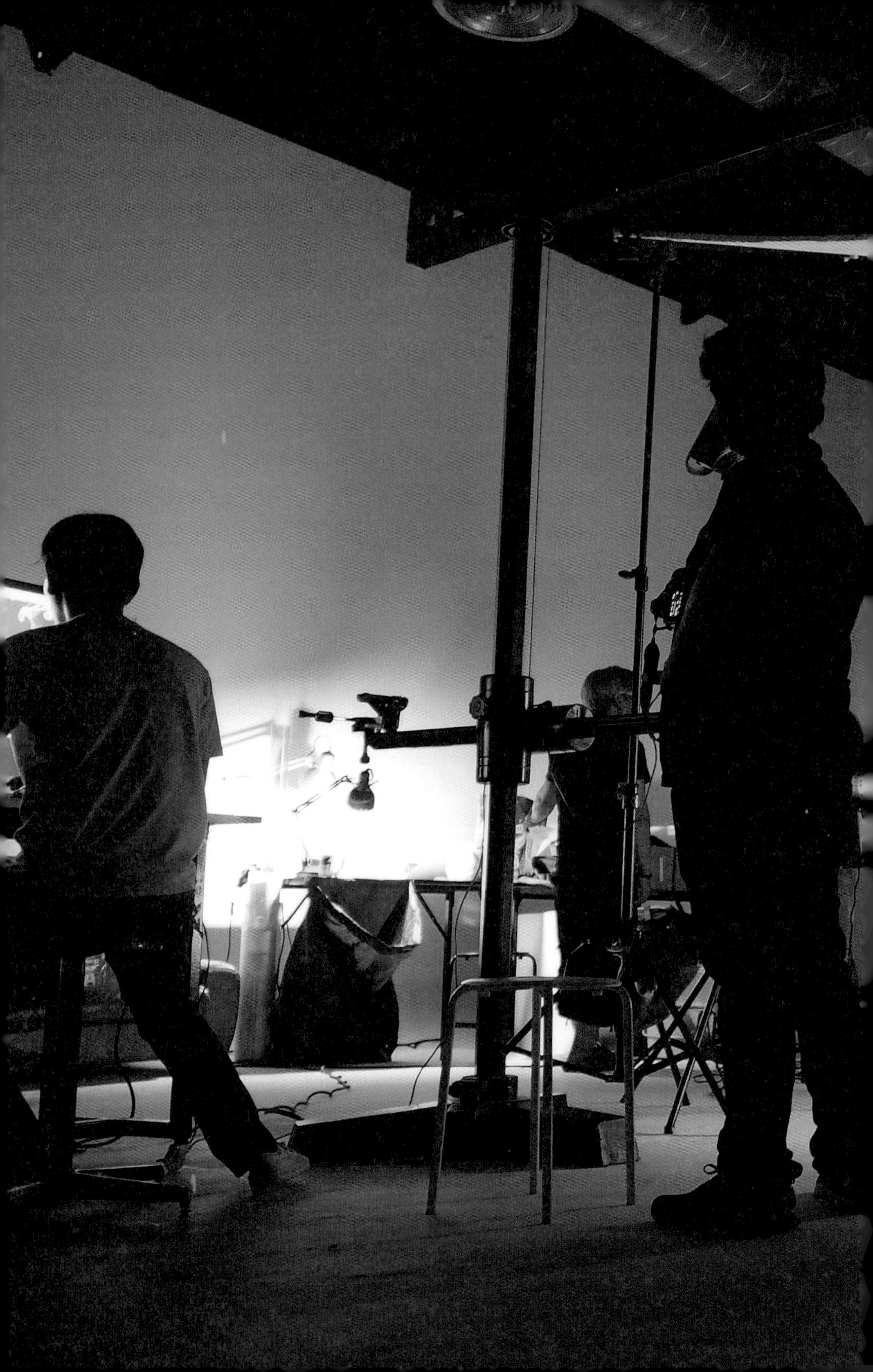

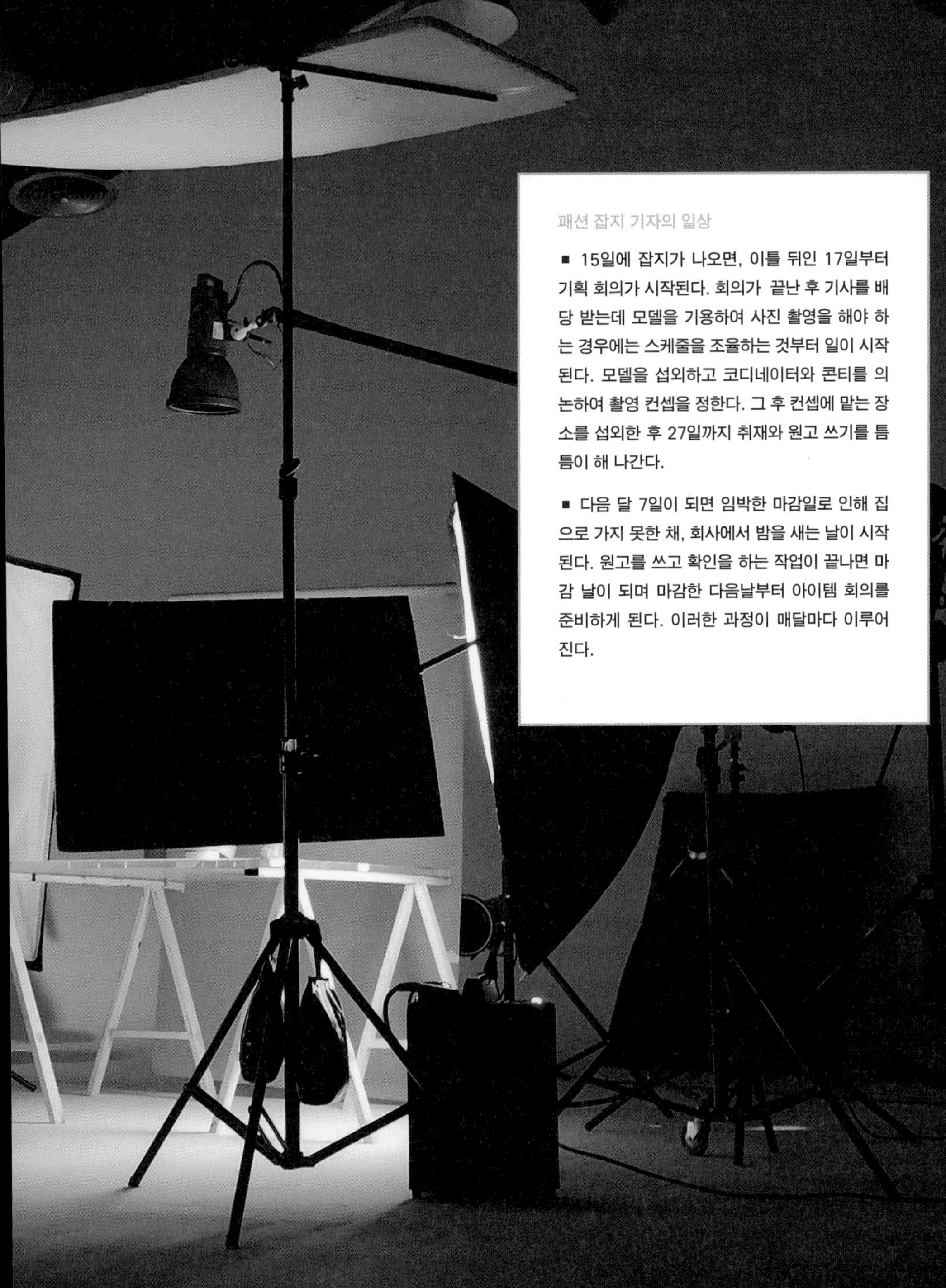

패션 잡지 기자의 일상

■ 15일에 잡지가 나오면, 이틀 뒤인 17일부터 기획 회의가 시작된다. 회의가 끝난 후 기사를 배당 받는데 모델을 기용하여 사진 촬영을 해야 하는 경우에는 스케줄을 조율하는 것부터 일이 시작된다. 모델을 섭외하고 코디네이터와 콘티를 의논하여 촬영 컨셉을 정한다. 그 후 컨셉에 맏는 장소를 섭외한 후 27일까지 취재와 원고 쓰기를 틈틈이 해 나간다.

■ 다음 달 7일이 되면 임박한 마감일로 인해 집으로 가지 못한 채, 회사에서 밤을 새는 날이 시작된다. 원고를 쓰고 확인을 하는 작업이 끝나면 마감 날이 되며 마감한 다음날부터 아이템 회의를 준비하게 된다. 이러한 과정이 매달마다 이루어진다.

잡지사 사진기자

언론에서 사진은 함축된 기사라고 할 수 있다. 그냥 아름다운 사진을 찍는 것이 아니고 어떤 메시지를 전달하는 시각적 기사, 눈으로 보는 기사로서의 사진을 찍어야 하는 것이다. 그런 의미에서 볼 때 사진 기자는 정말 고도의 전문 기술을 필요로 한다고 하겠다. 이는 신문사 사진 기자이던지 잡지사 사진 기자이던지 공통적으로 적용되는 사항이다.

그런데 신문사 사진 기자는 사건의 시간성, 역동성 등에 중점을 두고 작업을 한다면 잡지사 사진 기자는 테마를 잘 표현하는데 초점을 맞추어야 한다. 그러다보니 신문사 사진 기자는 한 포인트나 한 장면에 신경을 쓰서 촬영하지만 잡지사 사진 기자는 배경이나 환경과 촬영 소재 간의 상호 연관성 속에서 테마를 표현하는 방식으로 사진 앵글을 잡는다.

그래서, 언론 기관의 사진 기자라는 직업은 같지만 신문사 사진 기자를 하던 사람이 잡지사 사진 기자를 하기가 어렵고 반대로 잡지사 사진 기자를 하다가 신문사 사진 기자로 활동하는 것 또한 쉽지 않다.

잡지사는 경우에 따라서 사진 자료를 얻기 위하여 사진 촬영 스튜디오를 운영하는 경우도 있으며 일반 사진작가들에게 외주를 주기도 한다.

잡지는 주로 눈으로 훑어보는 성향이 신문이 비하여 높기 때문에 사진이 갖는 비중은 상당히 높다고 하겠다. 그만큼 잡지사 사진 기자의 위상도 당연히 높을 수밖에 없다.

이러한 직업적 특성으로 인하여 잡지사 사진 기자로 활동하다가 전문 사진작가로 독립하여 일하는 경우도 있다.

Part Three
Get a Job

01 4년제 대학교

기자를 비롯한 언론인이 되기 위해서는 최소 전문대졸 이상의 학력을 갖추어야 한다. 최근에 들어 주요 방송사에서 학력과 나이 등의 제한을 없애고 있는 추세이지만 아직까지 방송사나 신문사는 대졸 이상, 잡지사의 경우에는 전문대졸 이상의 학력을 요구하는 것이 일반적이라고 할 수 있다. 특히 신문 산업의 경우에는 대졸 학력 종사자가 전체의 75%, 대학원 졸 이상이 9%정도로 대부분을 차지하고 있다. 또한 전문기자가 등장하고 있는 현실에서 볼 때 학력은 언론 사회에서는 쉽사리 부정될 수 있는 사항은 아닌 것 같다. 이는 일간, 주간, 인터넷 신문 모두에서 나타나는 공통적 현상이다.

하지만 변호사가 되기 위해 로스쿨을 입학하던지 의사가 되기

© Santipong Srikhamta

위해 의과대학에 입학해야 하는 것처럼 언론인으로 입직(취업하는 것)하는 고정된 학교 교육과정이 우리나라에는 아직 없다. 언론의 전문성을 고려한다면 전문적인 특성화 교육과정이 필요한 것이 사실이다. 그래서 외국에는 전문 언론대학교가 설립되어 있는 나라가 있다.

현재 우리나라에서는 언론인이 되기 위하여 반드시 거쳐야 하는 교육기관이 없기 때문에 무슨 대학 무슨 과를 졸업하던지 상관없다. 그러나 언론과 관련된 공부를 하는 곳은 많이 있다.

언론관련학과(신문방송학과, 언론정보학과)

전문 기자의 등장으로 전공에 관련 없이 기자가 될 수 있으나 현업에서 일하고 있는 신문기자나 방송 기자 중에는 신문방송학과, 정치학과, 사회학과 등 인문사회 계열의 전공자가 다수를 차지하고 있다. 특히 신문방송학, 언론정보학, 광고학, 매스컴학과에서는 대중 매체에 관련된 이론과 제작에 관한 기술을 배울 수 있으며 그 외에도 실무적인 교육을 받을 수 있다.

언론정보학과 커리큘럼 예시

- 1학년: 커뮤니케이션의 이해, 도서관정보검색, 정보 다루기, 미디어와 현대사회
- 2학년: 저널리즘의 이해, 영상/문화 분석, 한국 미디어사, 설득 커뮤니케이션,커뮤니케이션학사, 대인 커뮤니케이션, 미디어와 현대사회, 방송과 콘텐츠, 커뮤니케이션/문명/사회변동
- 3학년: 커뮤니케이션 이론, 커뮤니케이션 연구방법, 디지털 커뮤니케이션, 현대문화의 이해, 방송 분석, 커뮤니케이션 특강, 비판 커뮤니케이션론, 정치 커뮤니케이션, 영상 커뮤니케이션, 방송 분석, 탐사보도 기획, 미디어법률과 제도, 모바일 미디어, 미디어 산업과 정책
- 4학년: 커뮤니케이션 효과연구, 광고론, 현대 저널리즘 이론과 분석, PR론

대학 커뮤니케이션학과에서 배우는 전공과목과 내용에 대한 예시

■ 세부전공 - 언론정보, 광고 홍보, 디지털미디어/콘텐츠, 커뮤니케이션, 미디어 커뮤니케이션, 언론, 광고, 방송 영상, 방송, 신문, 홍보, 디지털 미디어, 신문 방송, 저널리즘, 잡지

■ 배우는 관련 전공과목

1. 미디어 사회학
매스미디어의 구조와 기능에 대한 사회학적 분석, 매체와 사회의 관계에 관해 연구하며 매스미디어가 사회에 끼치는 정치적, 문화적, 경제적 영향을 비판적 관점에서 토론하고 평가한다.

2. 미디어 철학
대중매체에 대한 철학적 분석과 정보화 시대에서의 대중매체의 존재양식 및 사회적 효과에 대해 논의한다. 특히, 새로운 전자매체의 출현이 새롭게 제기하는 철학적 이슈들이 무엇인지 탐구한다.

3. 미디어문화연구
현대 사회의 성격을 설명하는 제 사회이론을 검토하고, 현대 사회의 문화적 상황을 매스미디어와 관련하여 살펴본다. 특히, 비판이론의 발전 과정에서 문화연구가 갖는 의의 및 그 중요성을 논의한다.

4. 기술과 매체의 문화사
기술과 커뮤니케이션 매체의 역사를 문화사적 관점에서 이해하는데 주안점을 둔다. 특히 기술과 매체의 발전이 인간의식과 경험의 성격 그리고 사회적 관계에 어떤 영향을 미쳐왔는가를 중점적으로 살펴봄으로써 매체 역사기술의 새로운 가능성들을 모색한다.

5. 미디어 정치경제학
자본주의 사회의 대중 매체의 속성과 존재양식을 사회 내 계급, 집단, 구성원들 간의 경제적, 정치적 역학관계 속에서 살펴본다. 특히, 최근 진행되고 있는 미디어 복합 산업화의 일반적 경향과 그 사회적 함의를 비판적으로 살펴본다.

6. 미디어와 페미니즘
현대 페미니즘 연구 경향을 고찰하고, 이를 대중매체와 어떻게 연관지울 수 있는지를 살펴본다. 대중매체와 관련된 성차별의 문제점과 그에 대한 대응, 운동, 비평 등을 모색해 본다.

7. 저널리즘
언론 이론과 현상에 관계되는 특정문제와 주제를 놓고, 집중적으로 그리고 심층적으로 연구한다. 그리고 언론과 민주주의의 관련성을 거시적 관점에서 이해하는데 주안점을 둔다. 특히 매스미디어의 사회적 역할을 다양한 이론적, 역사적 맥락 속에서 살펴보고, 나아가 뉴미디어의 등장으로 형성되는 언론과 민주주의 새로운 관계에 대해 탐구한다.

8. 방송 및 전자미디어 연구

방송매체의 본질/특성/내용/영향 등을 문헌을 중심으로 여러 각도에서 비교 연구하며, 방송과 관련되는 다양한 이슈 및 문제점을 분석한다. 뿐만 아니라 방송 관련 최신 이론의 소개와 이에 대한 분석도 아울러 이뤄진다.

9. 대중문화론

커뮤니케이션과 문화와의 관계를 다양한 이론과 방법론을 적용하여 연구한다. 그리고 대중문화 현상과 관련된 다양한 사회적 이슈들을 도출하고 연구한다.

10. 미디어 효과론

미디어의 효과를 사회적, 문화적, 정치적, 심리적 측면에서 고찰한다. 또한 매스미디어가 사회와 개인에 미치는 영향을 분석하며 효과를 측정하는 방법에 관해서도 연구한다.

11.정치 의사 소통

현대 사회에서는 매스미디어의 정치적 역할이 중요시 된다. 투표행위 연구를 비롯하여 정치적 설득 과정에서의 매스미디어 이용에 관한 연구를 살펴보고 정치와 미디어의 관계를 규명한다.

12.사이언스커뮤니케이션

과학과 관련된 커뮤니케이션 현상들을 이론적으로 탐구하고 분석한다. 이와 함께 과학기술인 집단의 커뮤니케이션 활용에 대해서도 분석한다. 그리고 바람직한 과학 관련 보도에 대한 모색과 논의도 아울러 이뤄진다.

13.언론 관련 법규

언론의 자유와 자유에 대한 규제의 한계 등을 법철학적 입장과 실정법의 입장에서 고찰하고 미디어 관련법의 내용과 그 운용을 연구한다. 그리고 국가 간 미디어 관련법의 유사점과 차별점에 대해서도 연구한다.

14.국제 커뮤니케이션론

발전 커뮤니케이션, 방송 제도의 비교 연구, 방송과 국제 커뮤니케이션, 위성 커뮤니케이션, 문화권간 커뮤니케이션 등에 관해 연구한다.

15.조직 커뮤니케이션

집단 및 조직 내에서의 커뮤니케이션을 다룬다. 조직 커뮤니케이션 연구의 역사적 고찰, 방법론, 그리고 조직 커뮤니케이션의 차원-비공식 커뮤니케이션과 공식 커뮤니케이션-을 살펴본다.

16.언론의 역사

한국 신문과 방송의 생성과 발달, 그리고 정치, 경제, 사회, 문화적 차원에서 본 한국 언론의 발생학적 배경, 그리고 한국 신문과 방송의 역사적 변화과정 등을 심층 분석한다.

〈국내에 설치된 미디어 관련 학과, 학부〉

대학명	학과명	전공 내용
경기대학교	미디어영상학과	미디어 커뮤니케이션, 영상
경희대학교	미디어학과	언론, 광고, PR, 방송영상, 스피치
고려대학교	미디어학부	방송, 신문, 온라인, 광고, PR
광운대학교	미디어커뮤니케이션학부	신문, 방송, 디지털, 미디어기업커뮤니케이션
국민대학교	미디어·광고학부	언론, 광고
동국대학교	광고홍보학과	광고 홍보
	미디어커뮤니케이션학과	신문 방송
명지대학교	디지털미디어학과	디지털미디어
서강대학교	지식융합미디어학부	신문 방송(언론정보, 공연영상, 디지털미디어콘텐츠)
서울대학교	언론정보학과	언론 정보
서울여자대학교	언론영상학부	언론홍보, 방송영상
성공회대학교	미디어콘텐츠융합자율학부	언론, 미디어산업, 광고, 공연기획
성균관대학교	미디어커뮤니케이션학과	신문, 방송
성신여자대학교	미디어커뮤니케이션학과	미디어커뮤니케이션
세종대학교	미디어커뮤니케이션학과	신문, 방송
숙명여자대학교	미디어학부	엔터테인먼트, 미디어, 저널리즘, 영상콘텐츠
숭실대학교	언론홍보학과	언론, 홍보
연세대학교	언론홍보영상학부	신문, 출판,잡지, 방송영상매체, 광고홍보, 뉴미디어
이화여자대학교	커뮤니케이션·미디어학부	언론정보, 광고홍보, 방송영상
중앙대학교	광고홍보학과	광고, 홍보
	미디어커뮤니케이션학부	언론저널리즘, 미디어콘텐츠
한국방송통신대학교	미디어영상학과	미디어영상
한국예술종합학교	방송영상과	방송연출, 다큐멘터리
한국외국어대학교	미디어커뮤니케이션학부	언론정보, 광고홍보, 방송영상
한양대학교	미디어커뮤니케이션학과	신문, 방송
한양사이버대학교	광고미디어학과	광고, 홍보, 영상

〈국내에 설치된 미디어 관련 학과, 학부〉

대학명	학과명	전공 내용
가천대학교	미디어커뮤니케이션학과	커뮤니케이션, 광고, 홍보
강원대학교	신문방송학과	미디어커뮤니케이션학과
건국대학교	미디어커뮤니케이션학과	신문, 방송
경남대학교	미디어영상학과	신문, 방송
경북대학교	미디어커뮤니케이션학과	신문, 방송, 영상, 인터넷, 잡지, 광고, PR
경성대학교	미디어커뮤니케이션학과	신문, 방송, 광고, 홍보
계명대학교	광고홍보학과	광고, 홍보
	언론영상학과	언론, 첨단미디어, 방송영상, 영화영상
공주대학교	영상학과	디지털방송, 영상콘텐츠
극동대학교	미디어영상제작학과	영상콘텐츠
남서울대학교	광고홍보학과	광고, 홍보
단국대학교	미디어커뮤니케이션학부	저널리즘, 영상콘텐츠, 광고, 홍보
대구카톨릭대학교	미디어영상광고홍보학부	언론, 영상, 광고, 홍보
대구대학교	미디어커뮤니케이션학과	언론, 영상, 홍보
대진대학교	미디어커뮤니케이션학과	홍보, 광고
동명대학교	광고PR학과	커뮤니케이션, 광고기획
	미디어커뮤니케이션학과	신문방송, 미디어영상, 광고홍보
동서대학교	방송영상학과	방송영상, 광고PR, 영상문학
동신대학교	방송연예학과	방송과 공연, 영상예술
동아대학교	미디어커뮤니케이션학과	신문, 방송
동의대학교	광고홍보학과	크리에이티브기획, PR, 마케팅, 카피라이팅
	신문방송학과	신문, 방송
목원대학교	커뮤니케이션학과	광고, 홍보, 언론(영상)
부경대학교	미디어커뮤니케이션학부	신문, 방송
부산대학교	미디어커뮤니케이션학과	커뮤니케이션, 저널리즘, 언론사, 광고홍보
상지대학교	미디어영상광고학과	언론영상, 광고홍보

〈국내에 설치된 미디어 관련 학과, 학부〉

대학명	학과명	전공 내용
서원대학교	광고홍보학과	광고홍보
선문대학교	미디어커뮤니케이션학부	신문방송, 광고홍보
세명대학교	광고홍보학과	광고홍보
수원대학교	미디어커뮤니케이션학과	언론 정보
순천향대학교	미디어커뮤니케이션학과	신문, 방송
신라대학교	영상미디어학부	광고홍보
신한대학교	미디어언론학과	신문, 방송, 광고
아주대학교	디지털미디어학과	소셜미디어, 미디어콘텐츠
영남대학교	미디어커뮤니케이션학과	스피치, 방송광고, 인터넷, 매스커뮤니케이션
우석대학교	미디어영상학과	광고 이벤트
원광대학교	언론학부	신문, 방송
인제대학교	미디어커뮤니케이션학과	신문, 방송
인천대학교	신문방송학과	신문, 방송
인하대학교	미디어커뮤니케이션학과	영상, 언론, 정보, 광고제작
전남대학교	신문방송학과	출판, 방송, 홍보, 영상
전북대학교	신문방송학과	신문/방송제작광고, 문화연구조사방법론
제주대학교	언론홍보학과	언론, 광고, 홍보

〈국내에 설치된 미디어 관련 학과, 학부〉

대학명	학과명	전공 내용
조선대학교	신문방송학과	신문, 방송
중부대학교	미디어커뮤니케이션학과	신문, 방송
창원대학교	신문방송학과	신문, 방송
청운대학교	미디어커뮤니케이션학과	광고 홍보
청주대학교	신문방송학과	광고 홍보, 신문, 방송
충남대학교	언론정보학과	언론 정보
평택대학교	광고홍보학과	광고 홍보
한남대학교	정치언론학과	정치, 광고홍보
한동대학교	커뮤니케이션학부	언론정보, 공연영상
한라대학교	미디어광고콘텐츠학과	광고 홍보
한림대학교	미디어스쿨	언론, 방송통신, 광고, 홍보, 디지털콘텐츠
한세대학교	미디어영상광고학과	신문, 방송, 광고홍보
한신대학교	미디어영상광고홍보학	광고 홍보, 미디어영상
한양대학교(ERICA)	광고홍보학과	신문, 방송, PR, 영상
협성대학교	미디어영상광고학과	광고, 홍보, 영상
호남대학교	신문방송학과	신문, 방송
홍익대학교(세종)	광고홍보학부	광고 홍보

언론관련 외의 학과

전문 기자가 중요하게 여겨지면서 점차 학과에 관계없이 언론인들을 채용하고 있다. 시청자와 독자에게 사회의 현안을 전달하는 업무를 맡고 있는 만큼 다양한 분야에서 전문인으로써 자질을 갖추는 것이 더욱 중요하기 때문이다. 특히 최근 들어서는 언론고시라 불리는 지상파 방송국의 PD, 아나운서, 기자 시험에 대졸자로 응시 자격을 제한하였던 것이 폐지되는 추세이다.

특히 라디오PD와 같은 경우에는 비전공자가 절반을 넘어선다고 할 정도로 여러 가지 전공의 PD가 활동을 하고 있다. 비 전공학과를 졸업한 사람들이 가지고 있는 특수성과 전문성은 현대 사회의 독자와 시청자들이 원하는 정보를 제공하는데 유용하게 쓰일 것이라 생각된다. 그러나 비 전공학과 출신들은 특정 분야 이외의 일반 언론 분야에 있어서는 적응성이 다소 염려될 수 있다. 왜냐하면 아무리 전문성이 언론에서 강조된다고 하지만 언론의 범주를 벗어난 전문성은 언론에서 문제가 될 수 있기 때문이다. 언론은 일반 학술활동과 다른 성격을 지니고 있다. 특히 대중적 매체일 경우에는 전문성과 언론성이 충돌할 수 있기 때문에 언론에 장기적으로 종사하고자 할 경우에는 특수 분야의 전문성을 살린 공부보다는 언론에 관한 일반적 지식과 실무를 배우는 것이 바람직하다.

대학교 미디어 전문 연구소

- 경희대 커뮤니케이션연구소
- 계명대 사회과학연구소
- 고려대 정보문화연구소
- 동국대 사회과학연구원
- 서강대 언론문화연구소
- 서울대 언론정보연구소
- 성균관대 미디어문화콘텐츠연구소
- 연세대 커뮤니케이션연구소
- 이화여대 커뮤니케이션 미디어연구소
- 전남대 언론홍보연구소
- 중앙대 광고PR연구소
- 청운대 방송예술연구소
- 한국외국어대 미디어커뮤니케이션연구소
- 한양대 커뮤니케이션연구센터

아나운서 아카데미

아나운서를 양성하는 사설 아카데미가 늘어나고 있는 실정이다. 기관에서는 표준어 구사, 발성, 호흡 등 방송내용을 정확히 전달하는 기본적인 능력을 교육한다. 뿐만 아니라 뉴스, 쇼 프로그램의 진행 등의 실습 또한 경험해볼 수 있다. 자세한 사항은 인터넷 검색이나 방문을 통해 직접 확인해 볼 필요가 있다.

02 언론인 관련 시험

방송국 프로듀서(PD)

■ 응시자격

1.학력/연령/국적 제한 없음

2.해외여행의 결격사유가 없는 자

3.남자의 경우 병역을 마쳤거나 면제된 자

4.관련 방송국 한국어시험 성적 보유자

5.공인영어시험 성적 소지자

6.취업지원대상자, 장애인등록자는 소정의 가점이 부여

※각 방송국 마다 차이가 있으니 반드시 직접 확인할 필요가 있다.

■ 시험과목

논술, 작문, 시사상식, 방송학개론 등을 치르게 된다. 논술 부분에서는 주제에 대한 논리적인 전개를 채점하며 지원자의 논리력, 사고력 등 평가하게 된다.

작문 형식의 답안지에서는 지원자의 독창성과 문장 구상력 등을 점수로 채점하게 된다.

시사교양약술 시험에서는 인문, 시사, 교양지식을 평가하고, 방송학개론 시험에서는 방송학 관련 기본 소양 평가하고자 한다.

■ 시험 일정

KBS, MBC, SBS 등 방송3사는 거의 매년 공채를 실시하지만, 채용 시기가 정해져 있지는 않다. 반면 케이블 방송사 중에는 비교적 일정한 달에 채용을 실시하는 곳들이 있는 편이다. 포털 사이트 마다 방송국이나 신문사의 언론인이 되기 위한 사람들이 만든 언론고시 카페가 있기 때문에 그 곳을 이용하면 역대 채용 시기와 관련 자료를 확인할 수 있다.

단 지역 방송국의 경우에는 채용 시기라는 것이 따로 존재하지 않는다. 인력이 많지 않기 때문에 결원이 발생했을 때에 모집 공고를 내는 식이다.

■ 합격 기준과 합격률

공중파 방송국은 매년 한 자리 수의 방송 프로듀서를 공개 채용하는데 거기에 몰리는 지원자의 수는 2,000명에 육박한다. 몇 백 대 일의 경쟁률을 넘어서야 공중파 방송국의 방송 프로듀서가 될 수 있다.

■ 응시자격

아나운서 및 리포터가 되는데 대학 전공이 문제 되지는 않는다. 뿐만 아니라 그동안 각 방송사에서 대졸자로 응시 자격을 제한하던 것도 점차 폐지되고 있다. 그러나 한국어능력시험 성적과 토익, 토플, 텝스 등 공인영어시험성적 등을 요구하는 방송국은 있다.

■ 시험 과목

교양과 논술 등 필기시험을 치른 후, 카메라 및 음성테스트, 면접시험을 통과해야 아나운서가 될 수 있다.

■ 시험 일정

공중파 방송사는 연 1회 공개채용을 하며 각 방송국 다르게 채용 공고를 낸다. 각 방송사의 홈페이지를 확인해 볼 필요가 있다.

■ 합격 기준과 합격률

공중파 방송의 경우 매년 한 자리 숫자의 아나운서를 채용하며 언론인 중 가장 높은 경쟁률을 보인다. 천 여 명에 가까운 경쟁을 물리치고 단 몇 명이 뽑히는 셈이다.

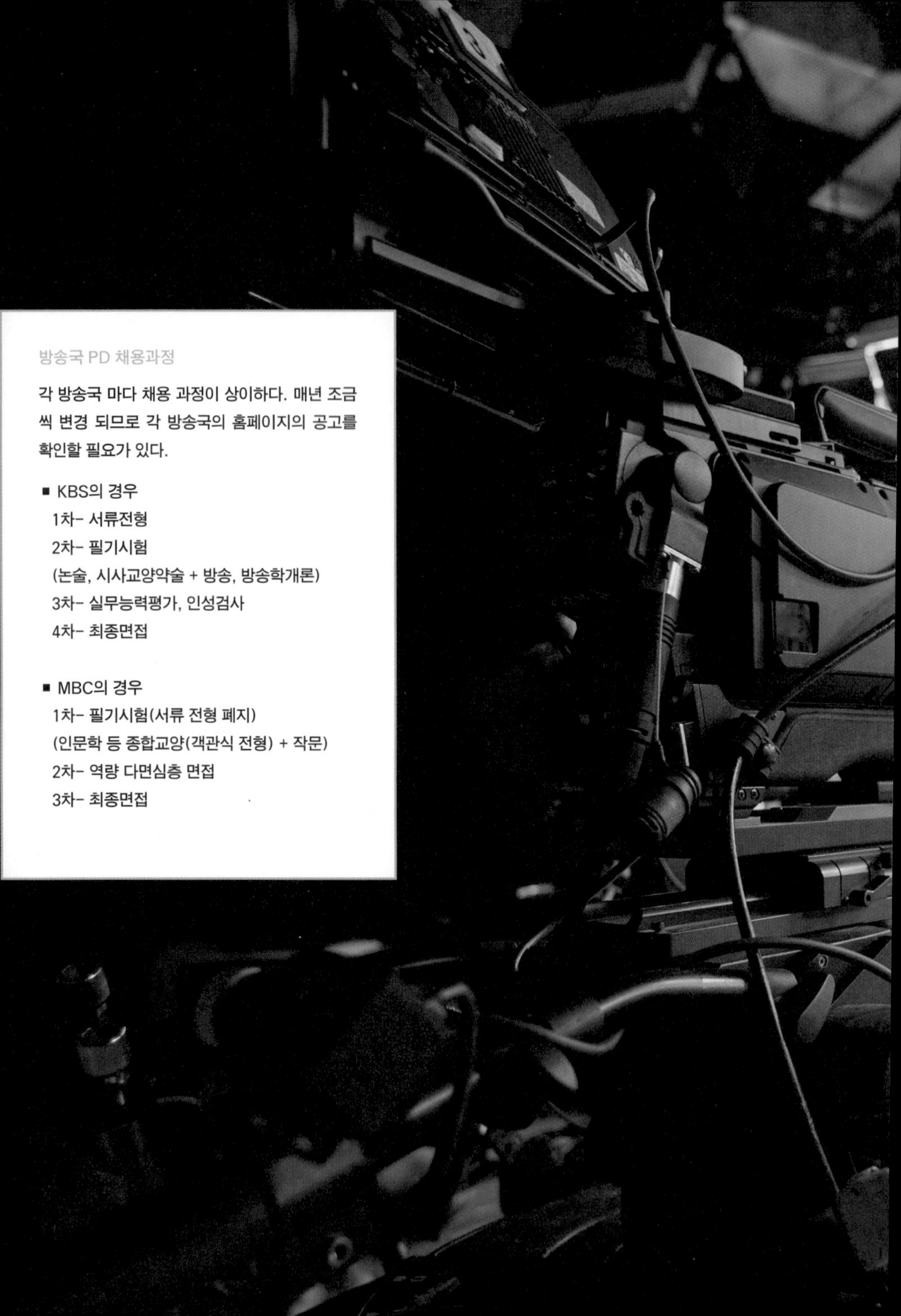

방송국 PD 채용과정

각 방송국 마다 채용 과정이 상이하다. 매년 조금씩 변경 되므로 각 방송국의 홈페이지의 공고를 확인할 필요가 있다.

- KBS의 경우
  1차- 서류전형
  2차- 필기시험
  (논술, 시사교양약술 + 방송, 방송학개론)
  3차- 실무능력평가, 인성검사
  4차- 최종면접

- MBC의 경우
  1차- 필기시험(서류 전형 폐지)
  (인문학 등 종합교양(객관식 전형) + 작문)
  2차- 역량 다면심층 면접
  3차- 최종면접

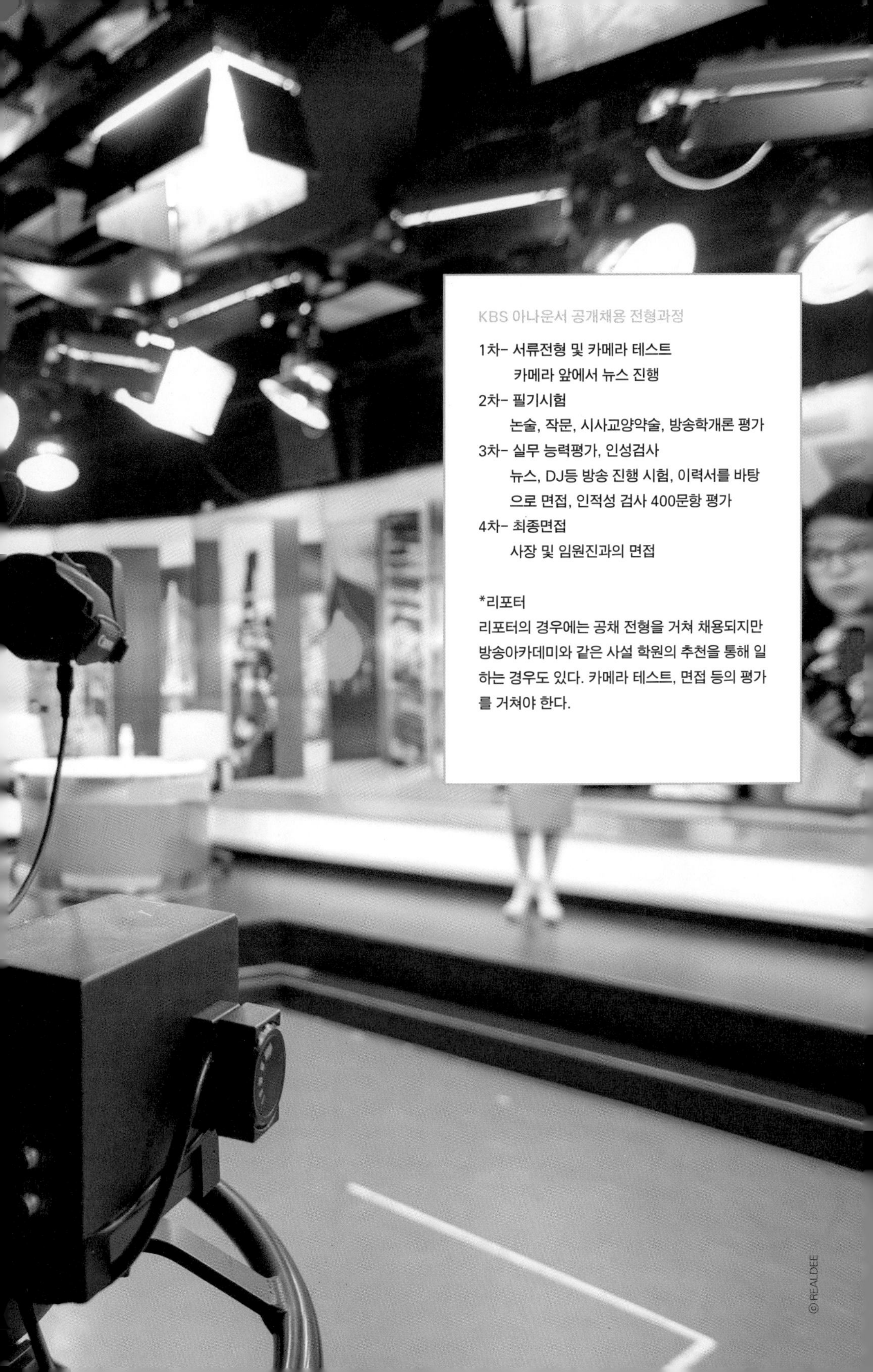

KBS 아나운서 공개채용 전형과정

1차- 서류전형 및 카메라 테스트
카메라 앞에서 뉴스 진행
2차- 필기시험
논술, 작문, 시사교양약술, 방송학개론 평가
3차- 실무 능력평가, 인성검사
뉴스, DJ등 방송 진행 시험, 이력서를 바탕으로 면접, 인적성 검사 400문항 평가
4차- 최종면접
사장 및 임원진과의 면접

*리포터
리포터의 경우에는 공채 전형을 거쳐 채용되지만 방송아카데미와 같은 사설 학원의 추천을 통해 일하는 경우도 있다. 카메라 테스트, 면접 등의 평가를 거쳐야 한다.

ⓒ REALDEE

방송국 기자

■ 응시자격

최근에 들어서 전공, 학력, 연령에 제한을 두지 않고 기자를 뽑는 언론사가 늘고 있다. 그러나 4년제 대학교 졸업 이상자로 지원자의 학력을 제한하는 곳도 있기 때문에 각 방송사의 홈페이지를 확인해 보아야 한다.

■ 시험 과목

방송사에 따라 전형 방법은 차이가 있지만 대개 '서류전형-필기시험-면접' 등을 거쳐 채용이 이루어진다. 논술과 상식에 관한 필기시험으로 치르게 되며 시사 문제와 관련된 주제를 두고 여러 사람이 토론을 하는 토론 면접을 보기도 한다. 또 직접 기사 작성을 하도록 하는 경우도 있다.

방송 기자는 뉴스에 얼굴이 비춰져야 하기 때문에 카메라 테스트를 거쳐야 한다.

■ 시험 일정

방송 기자는 공개채용, 특별채용 등으로 나누어서 선발된다. 주요 방송사의 경우 공개채용을 하며 각 방송사마다 다른 시기에 모집 공고를 낸다.

■ 합격 기준과 합격률

각 방송국 마다 다르지만 약 400대 1의 경쟁률을 넘어서야만 방송 기자가 될 수 있다. 최근에는 방송 기자들 가운데에서 뉴스 앵커를 선발하는 경우도 있기 때문에 목소리와 외모도 합격에 중요한 요소로 여겨지고 있다.

기자라면 주요한 사건과 사안에 대해 좋은 글을 쓸 줄 알아야 하고 더욱이 방송 기자라면 카메라 앞에 서서 전달력 있게 자신의 생각을 표현할 수 있어야 한다. 그렇기 때문에 잘못된 발음이나 언어 습관은 방송 기자가 되는 데 큰 걸림돌이 된다.

© wellphoto

신문사

■ 응시자격

주요 신문사의 경우 4년제 대학교 졸업 이상자로 지원자의 학력을 제한하고 있으나 전공 제한은 없는 편이다. 신문사에서는 인턴, 대학생 기자 등의 다양한 경험을 가진 지원자들을 우대하기도 한다.

■ 시험 과목

신문사의 기자 시험은 전반적으로 논술과 작문으로 이루어진 글쓰기와 상식 시험이다. 이 중에서 가장 중요한 것은 논술이다. 신문사에 따라 한국어 능력시험을 치르기도 한다.

■ 시험 일정

각 신문사 마다 다르나 연중 1회 이상은 채용하는 편이다. 관심이 있는 신문사의 공고를 지속적으로 확인하는 것이 좋다.

■ 합격 기준과 합격률

최근 들어 채용하는 기자 수가 줄어드는 추세이다. 신문사 기자가 되기 위해 준비하는 과정을 언론고시라고 할 만큼 신문사의 기자가 되는 것은 쉽지 않다. 보통 1~3년에 걸쳐 여러 번의 시험을 치르고 그 경험을 바탕으로 기자가 되는 경우가 많다. 주요 일간지 신문 기자의 경쟁률은 몇 백 대 일에 가까울 만큼 높은 편이다.

잡지사

■ 응시자격

잡지 기자가 되는 방법에는 크게 두 가지가 있는데, 공채를 진행하는 잡지사에 지원해 시험을 거쳐 입사하게 되는 경우이고, 다른 한 가지는 어시스턴트로 일하면서 현장에서 경험을 쌓고 견습 기자가 되는 것이다.

공채의 경우 대체적으로 전공은 불문인데 전문대 이상의 학력을 요구하는 곳도 있다. 보통은 어문학 전공자나 신문 방송학 계열의 졸업자가 많은 편이다. 잡지의 특성에 맞는 사람들을 구인하는 경우가 많기 때문에 각 잡지사의 채용 공문을 살펴보는 것이 좋다.

■ 시험 과목

필기시험을 통해 상식, 작문 실력 등을 점검하며 현장 테스트를 통해 문제 해결 능력이나 순발력을 평가하기도 한다.

■ 시험 일정

잡지사의 공채는 일정하지 않으며 잡지 지면이나 홈페이지를 통해 공지될 때가 많다. 정기적으로 신입사원을 채용하는 경우도 있지만 잡지는 새로운 매체 창간이 있을 때마다 필요한 인력을 수시로 채용하는 경우가 많기 때문에 지속적인 관심이 필요하다.

■ 합격 기준과 합격률

잡지는 그 수가 많고 다양하기 때문에 잡지 기자가 되는 것은 신문이나 방송 기관의 기자가 되는 것에 비해 어렵지 않다고 할 수 있다. 그러나 유명한 패션 잡지나 교양 잡지를 만드는 잡지사의 경우에는 경쟁률이 높기 때문에 취업 준비가 필요하다.

공중파 채널을 보면
다루어지는 뉴스들이
서울과 수도권에 집중되어
있다. 언론을 통해 전
국민을 통합하는 것도
중요하지만 그에 못지않게
개개인이 살고 있는
지역의 상황을 교류하고
지역민들끼리의 유대감을
형성하는 것 또한
사회내에서 꼭 요구되는
부분이다.

지역 언론과 창업

지역 언론사

국가의 균형적 발전을 위해 서울과 수도권으로 묶을 수 있는 국가의 중앙과 그 외의 지방간의 쌍방향 커뮤니케이션의 통로 또한 요구되어져 왔다.

이를 위해 등장한 것이 바로 지역 언론이다. 지역 언론은 지역 방송사와 신문, 잡지사로 나누어질 수 있다. 지역 방송은 송출을 담당하는 권역을 정하여 그 지역민을 대상으로 방송을 하는 일을 담당한다. 지역 언론은 자신들의 거점을 중심으로 각각 취재를 하며 매체를 만들게 된다. 지역 언론은 지역 내의 행사와 정책, 관심사와 사건 사고들을 그 지역민에게 전할 뿐만 아니라 다른 지역에게 알리는 역할까지 맡게 된다.

지역 언론은 그 지역의 시민들이 공동체 의식을 가질 수 있게끔

하는데 기여해야하고 그들의 유대감 형성을 위해 노력할 필요가 있다. 이를 위해 지역에 관련된 정보와 의견을 전달하고 지역 내에 발생된 문제를 해결하기 위한 토론의 장이 형성되게끔 영향력을 행사해야 하는 것이다.

■ 주요 지역일간지

경기일보, 경인일보, 강원일보, 강원도민일보, 매일신문, 영남일보, 부산일보, 국제신문, 제주일보, 제민일보, 한라일보

■ 지역 민영 방송사

대구방송, 광주방송, 대전방송, 울산방송, 진주방송, 청주방송, 지원(G1), 제주방송, 오비에스경인티브이, 경인방송(라디오), 경기방송(라디오)

〈지역 신문사 현황(2021년 기준)〉

구분	사업자 수	전체 종사자 수	기자 수	매출액
지역 종합 일간	125개	5,490명	3,742명	4,596억
지역 종합 주간	499개	2,130명	1,621명	844억

신문사 창업

신문사를 창업하기 위해서는 법률 조항을 살펴볼 필요가 있다.「신문 등의 진흥에 관한 법률 시행령」(이하 신문법 시행령)제2조(인터넷신문)에서는 독자적으로 기사를 생산을 위한 요건을 제시하고 있는데, '취재인력 2명 이상을 포함하여 취재 및 편집 인력 3명 이상을 상시적으로 고용해야 한다는 것' 과 '주간게재 기사 건수의 100분의 30이상을 자체적으로 생산한 기사로 게재한다는 것'이다. 이 두 가지 기준을 모두 충족하여야만 신문사의 창업이 가능하다. 여기서 '독자적 기사 생산'이란 타신문사의 기사를 게시하기만 하는 경우가 아닐 것, 즉 '자체적인 취재 및 편집활동을 통하여 기사를 생산할 것'을 의미한다.

위에서 말하고 있는 것처럼, 자체적인 취재 및 편집활동의 지속성이 확보되기 위하여는 발행인이 고용하고 있는 취재 및 편집인력의 수가 위 최소한의 인력보다 감소하지 않도록 유지할 필요가 있다. 즉 3명 이상의 사람을 고용하여 취재와 편집이 이뤄져야 한다는 것이다.

잡지사 창업

인터넷 잡지 또는 인터넷 신문의 경우는 사업자 등록 없이 누구나 운영이 가능하다. 그러나 언론사로 인정받기 위해서는 30%이상의 기사를 자체 생산하는 요건을 충족해야만 한다.

또 사업자 등록과 정기간행물 등록이 이루어진 후에야 하나의 잡지사로 여겨지게 되는 것이다. 또 잡지는 정기 간행을 특징으로 하고 있기 때문에 출판물들은 일정한 기간을 두고 같은 제호로 발간되어야만 한다.

잡지를 발행하기 위해서는 다음 여섯 가지의 내용을 사무소의 소재지를 관할하는 관청에 가서 등록하여야 한다. 다만 국가 또는 지방자치단체가 발행 또는 관리하거나 법인, 그 밖의 기관·단체가 그 소속원에게 무료로 보급할 목적으로 발행하는 경우와 대통령령으로 정하는 잡지는 그럴 필요가 없다.

1. 제호
2. 종별 및 간별(월간, 격월간, 계간, 연 2회간)
3. 발행인 및 편집인의 성명, 생년월일, 주소. 다만, 외국 잡지의 내용을 변경하지 아니하고 국내에서 그대로 인쇄·배포하는 경우를 제외한다.
4. 발행소 및 발행소의 소재지
5. 발행목적과 발행내용
6. 무가 또는 유가 발행의 구분

법인 또는 단체에서 잡지를 발행하기 위해서는 대표이사나 대표자를 발행인으로 삼아야 하며 그렇지 못한 상황에서는 다른 이사나 임원을 발행인으로 할 수 있다. 잡지가 등록되면 등록증을 발급받게 되는데 이때, 이미 등록된 잡지의 제호와 같은 이름의 잡지는 등록이 불가능하다.

그 후 잡지 간행에 대한 내용을 신고해야 하는데 이때 역시 잡지사의 소재지를 관할하는 관청에서 하면 된다.

1. 제호
2. 종별 및 간별
3. 발행인 및 편집인의 성명, 생년월일, 주소. 다만, 외국 잡지의 내용을 변경하지 아니하고 국내에서 그대로 인쇄·배포하는 경우를 제외한다.
4. 발행소 및 발행소의 소재지
5. 발행목적과 발행내용
6. 무가 또는 유가 발행의 구분

문화체육관광부 미디어정책과

문화체육관광부의 미디어 정책과는 신문사와 잡지사의 등록 관리 업무를 맡고 있을 뿐만 아니라 국내에 등록되어 있는 잡지 및 신문 등이 독자들에게 알권리를 전하는 역할을 다 할 수 있게끔 돕는다. 또 공정한 미디어 환경 조성을 위한 여러 가지 일들을 담당하고 있다.

정기 간행물 등록 관련

1. 특수주간신문. 월1회 이하 발행되는 간행물 중 무료로 보급되는 정기간행물

2. 특정지역을 대상으로 하여 주 2회 이하 발행되는 정기간행물

3.기타간행물

- 보도.논평 또는 여론형성의 목적 없이 일상생활 또는 특정사항에 대한 안내.고지 등 정보전달의 목적으로 발행되는 간행물

- 컴퓨터 등의 전자장치에 의하여 문자 등의 정보를 보거나 듣거나 읽을 수 있도록 제작된 전자적 기록매체로서 동일한 제호로 계속 제작되는 간행물

- 월 1회 이하 발행되는 간행물 중 제책되지 아니한 간행물

■ 등록 제외 대상

1. 국가 또는 지방자치단체가 발행하는 정기간행물

2. 법인 기타 단체나 기관이 그 소속원에게 무료로 보급할 목적으로 발행하는 정기간행물

3. 학습자료를 총지면의 100분의 60이상 게재하는 정기간행물

4. 상업광고를 총지면의 100분의 60이상 게재하는 정기간행물

서울시 등록대상 정기간행물

1.구비서류

〈발행인이 개인일 경우〉

- 잡지 사업 등록 신청서
- 신청서,발행인 인감도장
- 발행인.편집인의 주민등록증 앞.뒤사본1통 또는 호적등본1통
- 인쇄계약서 사본,인쇄소등록증 사본 각1통
- 발행소 건물등기부 등본1통,임차일 경우 임대차계약서 사본1통 추가

〈 발행인이 법인일 경우 〉

- 잡지 사업 등록 신청서
- 신청서,법인 인감도장
- 법인 등기부 등본1통
- 발행인.편집인의 주민등록증 앞/뒷면 사본1통 또는 호적등본1통
- 인쇄계약서 사본,인쇄소등록증 사본 각1통
- 법인 정관 또는 규약 1통

2. 접 수 처 : 서울특별시 자치행정과(새서울 민원봉사실)

3. 수 수 료 : 15,000원

4. 처리기간 : 25일

5. 처리절차 : 신청서 작성(민원인) → 접수(자치행정과) → 발행인/편집인 신원조회(경찰청) → 등록수리 → 면허세 납부, 등록증 교부(발행소 관할구청)

Part Four

Reference

01 방송법

제2조(용어의 정의)

이 법에서 사용하는 용어의 정의는 다음과 같다.

1. "방송"이라 함은 방송프로그램을 기획·편성 또는 제작하여 이를 공중(개별계약에 의한 수신자를 포함하며, 이하 "시청자"라 한다)에게 전기통신설비에 의하여 송신하는 것으로서 다음 각목의 것을 말한다.

가. 텔레비전방송 : 정지 또는 이동하는 사물의 순간적 영상과 이에 따르는 음성·음향 등으로 이루어진 방송프로그램을 송신하는 방송

나. 라디오방송 : 음성·음향 등으로 이루어진 방송프로그램을 송신하는 방송

다. 데이터방송 : 방송사업자의 채널을 이용하여 데이터(문자 · 숫자 · 도형 · 도표 · 이미지 그 밖의 정보체계를 말한다)를 위주로 하여 이에 따르는 영상·음성·음향 및 이들의 조합으로 이루어진 방송프로그램을 송신하는 방송(인터넷 등 통신망을 통하여 제공하거나 매개하는 경우를 제외한다. 이하

같다)

라. 이동멀티미디어방송 : 이동중 수신을 주목적으로 다채널을 이용하여 텔레비전방송·라디오방송 및 데이터방송을 복합적으로 송신하는 방송

2. "방송사업"이라 함은 방송을 행하는 다음 각목의 사업을 말한다.

가. 지상파방송사업 : 방송을 목적으로 하는 지상의 무선국을 관리·운영하며 이를 이용하여 방송을 행하는 사업

나. 종합유선방송사업 : 종합유선방송국(다채널방송을 행하기 위한 유선방송국설비와 그 종사자의 총체를 말한다. 이하 같다)을 관리·운영하며 전송·선로설비를 이용하여 방송을 행하는 사업

다. 위성방송사업 : 인공위성의 무선설비를 소유 또는 임차하여 무선국을 관리·운영하며 이를 이용하여 방송을 행하는 사업

라. 방송채널사용사업 : 지상파방송사업자·종합유선방송사업자 또는 위성방송사업자와 특정채널의 전부 또는 일부 시간에 대한 전용사용계약을 체결하여 그 채널을 사용하는 사업

3. "방송사업자"라 함은 다음 각목의 자를 말한다.

가. 지상파방송사업자 : 지상파방송사업을 하기 위하여 제9조제1항의 규정에 의하여 허가를 받은 자

나. 종합유선방송사업자 : 종합유선방송사업을 하기 위하여 제9조제2항의 규정에 의하여 허가를 받은 자

다. 위성방송사업자 : 위성방송사업을 하기 위하여 제9조제2항에 따라 허가를 받은 자

라. 방송채널사용사업자 : 방송채널사용사업을 하기 위하여 제9조제5항의 규정에 의하여 등록을 하거나 승인을 얻은 자

마. 공동체라디오방송사업자 : 안테나공급전력 10와트 이하로 공익목적으로 라디오방송을 하기 위하여 제9조제11항의 규정에 의하여 허가를 받은 자

4. "중계유선방송"이란 지상파방송(방송을 목적으로 하는 지상의 무선국을 이용하여 하는 방송을 말한다. 이하 같다) 등을 수신하여 중계송신(방송편성을 변경하지 아니하는 녹음 · 녹화를 포함한다. 이하 같다)하는 것을 말한다.

5. "중계유선방송사업"이라 함은 중계유선방송을 행하는 사업을 말한다.

6. "중계유선방송사업자"라 함은 중계유선방송사업을 하기 위하여 제9조제2항의 규정에 의하여 허가를 받은 자를 말한다.

7. "음악유선방송"이라 함은 「음악산업진흥에 관한 법률」에 따라 판매·배포되는 음반에 수록된 음악을 송신하는 것을 말한다.

8. "음악유선방송사업"이라 함은 음악유선방송을 행하는 사업을 말한다.

9. "음악유선방송사업자"라 함은 음악유선방송사업을 하기 위하여 제9조제5항의 규정에 의하여 등록을 한 자를 말한다.

10. "전광판방송"이라 함은 상시 또는 일정기간 계속하여 전광판에 보도를 포함하는 방송프로그램을 표출하는 것을 말한다.

11. "전광판방송사업"이라 함은 전광판방송을 행하는 사업을 말한다.

12. "전광판방송사업자"라 함은 전광판방송사업을 하기 위하여 제9조제5항의 규정에 의하여 등록을 한 자를 말한다.

13. "전송망사업"이라 함은 방송프로그램을 종합유선방송국으로부터 시청자에게 전송하기 위하여 유·무선 전송·선로설비를 설치·운영하는 사업을 말한다.

14. "전송망사업자"라 함은 전송망사업을 하기 위하여 제9조제10항의 규정에 의하여 등록을 한 자를 말한다.

15. "방송편성"이라 함은 방송되는 사항의 종류·내용·분량·시각·배열을 정하는 것을 말한다.

16. "방송분야"라 함은 보도·교양·오락등으로 방송프로그램의 영역을 분류한 것을 말한다.

17. "방송프로그램"이라 함은 방송편성의 단위가 되는 방송내용물을 말한다.

18. "종합편성"이라 함은 보도·교양·오락등 다양한 방송분야 상호간에 조화를 이루도록 방송프로그램을 편성하는 것을 말한다.

19. "전문편성"이라 함은 특정 방송분야의 방송프로그램을 전문적으로 편성하는 것을 말한다.

20. "유료방송"이라 함은 시청자와의 계약에 의하여 수개의 채널단위·채널별 또는 방송프로그램별로 대가를 받고 제공하는 방송을 말한다.

20의2. "채널"이라 함은 동일한 주파수 대역을 통해서 연속적인 흐름 또는 정보체계의 형태로 제공되어지는 텔레비전방송, 라디오방송 또는 데이터방송의 단위를 말한다.

21. "방송광고"라 함은 광고를 목적으로 하는 방송내용물을 말한다.

22. "협찬고지"라 함은 타인으로부터 방송프로그램의 제작에 직접적·간접적으로 필요한 경비·물품·용역·인력 또는 장소등을 제공받고 그 타인의 명칭 또는 상호등을 고지하는 것을 말한다.

23. "방송편성책임자"라 함은 방송편성에 대하여 결정을 하고 책임을 지는 자를 말한다.

24. "보도"라 함은 국내외 정치·경제·사회·문화 등의 전반에 관하여 시사적인 취재보도·논평·해설 등의 방송프로그램을 편성하는 것을 말한다.

25. "보편적 시청권"이라 함은 국민적 관심이 매우 큰 체육경기대회 그 밖의 주요행사 등에 관한 방송을 일반 국민이 시청할 수 있는 권리를 말한다.

26. "기술결합서비스"란 지상파방송사업·종합유선방송사업 및 위성방송사업 상호간 또는 이들 방송사업과 「인터넷 멀티미디어 방송사업법」 제2조제4호가목에 따른 인터넷 멀티미디어 방송제공사업 간의 전송방식을 혼합사용하여 제공하는 서비스를 말한다.

27. "외주제작사"란 「문화산업진흥 기본법」 제2조제20호에 따른 방송영상독립제작사, 같은 조 제21호에 따른 문화산업전문회사 등 방송사업자에게 제공할 목적으로 방송프로그램을 제작하는 자를 말한다.

제3조(시청자의 권익보호)

방송사업자는 시청자가 방송프로그램의 기획·편성 또는 제작에 관한 의사결정에 참여할 수 있도록 하여야 하고, 방송의 결과가 시청자의 이익에 합치하도록 하여야 한다.

제4조(방송편성의 자유와 독립)

① 방송편성의 자유와 독립은 보장된다.

② 누구든지 방송편성에 관하여 이 법 또는 다른 법률에 의하지 아니하고는 어떠한 규제나 간섭도 할 수 없다.

③ 방송사업자는 방송편성책임자를 선임하고, 그 성명을 방송시간내에 매일 1회 이상 공표하여야 하며, 방송편성책임자의 자율적인 방송편성을 보장하여야 한다.

④ 종합편성 또는 보도에 관한 전문편성을 행하는 방송사업자는 방송프로그램제작의 자율성을 보장하기 위하여 취재 및 제작 종사자의 의견을 들어 방송편성규약을 제정하고 이를 공표하여야 한다.

제5조(방송의 공적 책임)

① 방송은 인간의 존엄과 가치 및 민주적 기본질서를 존중하여야 한다.

② 방송은 국민의 화합과 조화로운 국가의 발전 및 민주적 여론형성에 이바지하여야 하며 지역간·세대간·계층간·성별간의 갈등을 조장하여서는 아니된다.

③ 방송은 타인의 명예를 훼손하거나 권리를 침해하여서는 아니된다.

④ 방송은 범죄 및 부도덕한 행위나 사행심을 조장하여서는 아니된다.

⑤ 방송은 건전한 가정생활과 아동 및 청소년의 선도에 나쁜 영향을 끼치는 음란·퇴폐 또는 폭력을 조장하여서는 아니된다.

제6조(방송의 공정성과 공익성)

① 방송에 의한 보도는 공정하고 객관적이어야 한다.

② 방송은 성별·연령·직업·종교·신념·계층·지역·인종등을 이유로 방송편성에 차별을 두어서는 아니 된다. 다만, 종교의 선교에 관한 전문편성을 행하는 방송사업자가 그 방송분야의 범위 안에서 방송을 하는 경우에는 그러하지 아니하다.

③ 방송은 국민의 윤리적·정서적 감정을 존중하여야 하며, 국민의 기본권 옹호 및 국제친선의 증진에 이바지하여야 한다.

④ 방송은 국민의 알권리와 표현의 자유를 보호·신장하여야 한다.

⑤ 방송은 상대적으로 소수이거나 이익추구의 실현에 불리한 집단이나 계층의 이익을 충실하게 반영하도록 노력하여야 한다.

⑥ 방송은 지역사회의 균형 있는 발전과 민족문화의 창달에 이바지하여야 한다.

⑦ 방송은 사회교육기능을 신장하고, 유익한 생활정보를 확산·보급하며, 국민의 문화생활의 질적 향상에 이바지하여야 한다.

⑧ 방송은 표준말의 보급에 이바지하여야 하며 언어순화에 힘써야 한다.

⑨ 방송은 정부 또는 특정 집단의 정책등을 공표함에 있어 의견이 다른 집단에게 균등한 기회가

제공되도록 노력하여야 하고, 또한 각 정치적 이해 당사자에 관한 방송프로그램을 편성함에 있어서도 균형성이 유지되도록 하여야 한다.

제7조(적용범위)
방송에 관하여는 다른 법률에 특별한 규정이 있는 경우를 제외하고는 이 법이 정하는 바에 의한다.

제2장 방송사업자등

제8조(소유제한등)
① 방송사업자가 주식을 발행하는 경우에는 기명식으로 하여야 한다.
② 누구든지 대통령령이 정하는 특수한 관계에 있는 자(이하 "特殊關係者"라 한다)가 소유하는 주식 또는 지분을 포함하여 지상파방송사업자 및 종합편성 또는 보도에 관한 전문편성을 행하는 방송채널사용사업자의 주식 또는 지분 총수의 100분의 40을 초과하여 소유할 수 없다. 다만, 다음 각호의 1에 해당하는 경우에는 그러하지 아니하다.
  1. 국가 또는 지방자치단체가 방송사업자의 주식 또는 지분을 소유하는 경우
  2. 「방송문화진흥회법」에 의하여 설립된 방송문화진흥회가 방송사업자의 주식 또는 지분을 소유하는 경우
  3. 종교의 선교를 목적으로 하는 방송사업자에 출자하는 경우
③ 제2항의 규정에 불구하고 독점규제및공정거래에관한법률 제2조제2호의 규정에 의한 기업집단중 자산총액 등 대통령령이 정하는 기준에 해당하는 기업집단에 속하는 회사(이하 "대기업"이라 한다)와 그 계열회사(특수관계자를 포함한다) 또는 「신문 등의 진흥에 관한 법률」에 따른 일간신문(이하 "일간신문"이라 한다)이나 「뉴스통신 진흥에 관한 법률」에 따른 뉴스통신(이하 "뉴스통신"이라 한다)을 경영하는 법인(特殊關係者를 포함한다)은 지상파방송사업자의 주식 또는 지분 총수의 100분의 10을 초과하여 소유할 수 없으며, 종합편성 또는 보도에 관한 전문편성을 행하는 방송채널사용사업자의 주식 또는 지분 총수의 100분의 30을 초과하여 소유할 수 없다.
④ 지상파방송사업자, 종합편성 또는 보도에 관한 전문편성을 행하는 방송채널사용사업자의 주식 또는 지분을 소유하고자 하는 일간신문을 경영하는 법인(특수관계자를 포함한다)은 경영의 투명성을 위하여 대통령령으로 정하는 바에 따라 전체 발행부수, 유가 판매부수 등의 자료를 방송통신위원회에 제출하여 공개하여야 하며, 제3항에도 불구하고 일간신문의 구독률(대통령령으로 정하는 바에 따라 전체 가구 중 일정 기간 동안 특정 일간신문을 유료로 구독하는 가구가 차지하는 비율을 말한다. 이하 같다)이 100분의 20 이상인 경우에는 지상파방송사업 및 종합편성 또는 보도에 관한 전문편성을 행하는 방송채널사용사업을 겸영하거나 주식 또는 지분을 소유할 수 없다.
⑤ 일간신문이나 뉴스통신을 경영하는 법인(각 특수관계자를 포함한다)은 종합유선방송사업자 및 위성방송사업자의 주식 또는 지분 총수의 100분의 49를 초과하여 소유할 수 없다.
⑥ 지상파방송사업자·종합유선방송사업자 및 위성방송사업자는 시장점유율 또는 사업자수등을

고려하여 대통령령이 정하는 범위를 초과하여 상호 겸영하거나 그 주식 또는 지분을 소유할 수 없다.
⑦ 지상파방송사업자·종합유선방송사업자·위성방송사업자·방송채널사용사업자 및 전송망사업자는 시장점유율, 방송분야 또는 사업자수등을 고려하여 대통령령이 정하는 범위를 초과하여 상호 겸영하거나 그 주식 또는 지분을 소유할 수 없다.
⑧ 지상파방송사업자·종합유선방송사업자 또는 위성방송사업자는 시장점유율 또는 사업자수 등을 고려하여 대통령령이 정하는 범위를 초과하여 지상파방송사업자는 다른 지상파방송사업, 종합유선방송사업자는 다른 종합유선방송사업, 위성방송사업자는 다른 위성방송사업을 겸영하거나 그 주식 또는 지분을 소유할 수 없다. 다만,「방송문화진흥회법」에 따라 설립된 방송문화진흥회가 최다출자자인 지상파방송사업자가 이 법 시행 당시 계열회사 관계에 있는 다른 지상파방송사업자의 주식 또는 지분을 소유하는 경우에는 그러하지 아니하다.
⑨ 방송채널사용사업자는 시장점유율 또는 사업자수등을 고려하여 대통령령이 정하는 범위를 초과하여 다른 방송채널사용사업을 겸영하거나 그 주식 또는 지분을 소유할 수 없다.
⑩ 정당은 방송사업자의 주식 또는 지분을 소유할 수 없다.
⑪ 제6항부터 제9항까지의 규정에 의한 겸영금지 및 소유제한 대상자에는 그의 특수관계자를 포함한다.
⑫ 제2항 내지 제10항의 규정을 위반하여 주식 또는 지분을 소유한 자는 그 소유분 또는 초과분에 대한 의결권을 행사할 수 없다.
⑬ 과학기술정보통신부장관 또는 방송통신위원회는 다음 각 호의 구분에 따라 해당 규정을 위반한 자에게 6개월 이내의 기간을 정하여 위반 사항을 시정할 것을 명할 수 있다.

1. 과학기술정보통신부장관

가. 제5항을 위반한 자

나. 제6항부터 제9항까지의 규정을 위반한 자(제14조제6항제2호에 해당하는 방송사업자 외의 방송사업자와 전송망사업자로 한정한다)

2. 방송통신위원회

가. 제2항부터 제4항까지의 규정, 제10항, 제14항 및 제15항을 위반한 자

나. 제6항부터 제9항까지의 규정을 위반한 자(제14조제6항제2호에 해당하는 방송사업자로 한정한다)

⑭ 다음 각 호의 어느 하나에 해당하는 자는 공동체라디오방송사업자가 될 수 없다.

1. 대한민국 정부
2. 지방자치단체
3. 종교단체
4. 정당
5. 영리를 목적으로 공동체라디오방송사업을 영위하려는 자

⑮ 공동체라디오방송사업자는 1개를 초과하여 방송국을 소유할 수 없다.
⑯ 특정 종합유선방송사업자는 해당 사업자와 특수관계자인 다음 각 호의 방송사업자를 합산하여 종합유선방송, 위성방송,「인터넷 멀티미디어 방송사업법」 제2조제1호에 따른 인터넷 멀티미디어

방송을 포함한 전체 유료방송사업 가입자 수의 3분의 1을 초과하여 서비스를 제공할 수 없다.

1. 종합유선방송사업자

2. 위성방송사업자

3. 「인터넷 멀티미디어 방송사업법」 제2조제5호가목에 따른 인터넷 멀티미디어 방송 제공사업자

⑰ 특정 위성방송사업자는 해당 사업자와 특수관계자인 다음 각 호의 방송사업자를 합산하여 종합유선방송, 위성방송, 「인터넷 멀티미디어 방송사업법」 제2조제1호에 따른 인터넷 멀티미디어 방송을 포함한 전체 유료방송사업 가입자 수의 3분의 1을 초과하여 서비스를 제공할 수 없다.

1. 종합유선방송사업자

2. 위성방송사업자

3. 「인터넷 멀티미디어 방송사업법」 제2조제5호에 따른 인터넷 멀티미디어 방송사업자

⑱ 과학기술정보통신부장관은 도서산간 등 위성방송 수신만 가능한 지역은 제16항 및 제17항에 따른 가입자 수 산정에서 배제할 수 있는 예외지역으로 지정할 수 있다.

⑲ 제16항 및 제17항에 따른 가입자 수의 산정 및 검증 등에 필요한 사항은 대통령령으로 정한다.

제31조(방송평가위원회)

① 방송통신위원회는 방송사업자의 방송프로그램 내용 및 편성과 운영등에 관하여 종합적으로 평가할 수 있다.

② 방송통신위원회는 제1항의 평가업무를 효율적으로 수행하기 위하여 방송평가위원회를 둘 수 있다.

③ 방송평가위원회 위원은 방송통신위원회 위원장이 방송통신위원회의 동의를 얻어 위촉하며, 구성과 운영에 관하여 필요한 사항은 방송통신위원회규칙으로 정한다.

제32조(방송의 공정성 및 공공성 심의)

방송통신심의위원회는 방송·중계유선방송 및 전광판방송의 내용과 기타 전기통신회선을 통하여 공개를 목적으로 유통되는 정보중 방송과 유사한 것으로서 대통령령이 정하는 정보의 내용이 공정성과 공공성을 유지하고 있는지의 여부와 공적 책임을 준수하고 있는지의 여부를 방송 또는 유통된 후 심의·의결한다. 이 경우 매체별·채널별 특성을 고려하여야 한다.

제33조(심의규정)

① 방송통신심의위원회는 방송의 공정성 및 공공성을 심의하기 위하여 방송심의에 관한 규정(이하 "審議規程"이라 한다)을 제정·공표하여야 한다.

② 제1항의 심의규정에는 다음 각호의 사항이 포함되어야 한다.

1. 헌법의 민주적 기본질서의 유지와 인권존중에 관한 사항

2. 건전한 가정생활 보호에 관한 사항

3. 아동 및 청소년의 보호와 건전한 인격형성에 관한 사항

4. 공중도덕과 사회윤리에 관한 사항
5. 양성평등에 관한 사항
6. 국제적 우의 증진에 관한 사항
7. 장애인등 방송소외계층의 권익증진에 관한 사항
8. 인종, 민족, 지역, 종교 등을 이유로 한 차별 금지에 관한 사항
9. 민족문화의 창달과 민족의 주체성 함양에 관한 사항
10. 보도·논평의 공정성·공공성에 관한 사항
11. 언어순화에 관한 사항
12. 자연환경 보호에 관한 사항
13. 건전한 소비생활 및 시청자의 권익보호에 관한 사항
14. 법령에 따라 방송광고가 금지되는 품목이나 내용에 관한 사항
15. 방송광고 내용의 공정성·공익성에 관한 사항
16. 기타 이 법의 규정에 의한 방송통신심의위원회의 심의업무에 관한 사항

③ 방송사업자·중계유선방송사업자·전광판방송사업자 및 외주제작사는 심의규정을 준수하여야 한다.

④ 방송사업자는 아동과 청소년을 보호하기 위하여 방송프로그램의 폭력성 및 음란성등의 유해정도, 시청자의 연령등을 감안하여 방송프로그램의 등급을 분류하고 이를 방송중에 표시하여야 한다.

⑤ 방송통신심의위원회는 제4항에 따른 방송프로그램 등급분류와 관련하여 분류기준 등 필요한 사항을 방송통신심의위원회규칙으로 정하여 공표하여야 한다. 이 경우 분류기준은 방송매체와 방송분야별 특성등을 고려하여 차등을 둘 수 있다.

⑥ 방송통신심의위원회는 제4항에 따라 방송사업자가 자율적으로 부여한 방송프로그램의 등급에 대하여 적절하지 아니하다고 판단되는 경우 해당방송사업자에게 당해 방송프로그램의 등급분류를 조정하도록 요구할 수 있다.

제35조(시청자권익보호위원회)

① 방송통신위원회는 방송 및 「인터넷 멀티미디어 방송사업법」 제2조제1호에 따른 인터넷 멀티미디어 방송(이하 "인터넷 멀티미디어 방송"이라 한다)에 관한 시청자의 의견을 수렴하고 시청자의 정당한 권익 침해 등 시청자불만 및 청원사항에 관한 심의를 효율적으로 수행하기 위하여 시청자권익보호위원회를 둔다.

② 시청자권익보호위원회 위원은 방송통신위원회 위원장이 방송통신위원회의 동의를 얻어 위촉한다.

③ 시청자권익보호위원회의 구성과 운영, 시청자불만처리의 절차와 분쟁의 조정 등에 관하여 필요한 사항은 방송통신위원회규칙으로 정한다.

제35조의3(방송분쟁조정위원회 구성 및 운영)

① 방송통신위원회는 다음 각 호에 해당하는 자들 사이에서 발생한 방송에 관한 분쟁을 효율적으로 조정하기 위하여 방송분쟁조정위원회를 둘 수 있다. 다만, 분쟁조정의 주된 대상이 저작권에 관련된 경우에는「저작권법」에 따른다.

1. 방송사업자
2. 중계유선방송사업자
3. 음악유선방송사업자
4. 전광판방송사업자
5. 전송망사업자
6.「인터넷 멀티미디어 방송사업법」 제2조제5호에 따른 인터넷 멀티미디어 방송사업자(이하 "인터넷 멀티미디어 방송사업자"라 한다)
7.「전기통신사업법」 제2조제8호에 따른 전기통신사업자
8. 외주제작사

② 방송분쟁조정위원회는 방송통신위원회 위원장이 지명하는 위원장 1명을 포함한 5명 이상 7명 이하의 위원으로 구성한다.

③ 방송분쟁조정위원회 위원은 다음 각 호의 어느 하나에 해당하는 사람 중에서 방송통신위원회위원장이 방송통신위원회의 동의를 얻어 위촉한다. 이 경우 문화체육관광부장관이 추천하는 1명이 포함되어야 한다.

1. 판사·검사 또는 변호사로 5년 이상 재직한 사람
2. 공인회계사로 5년 이상 재직한 사람
3. 법률·행정·경영·회계·신문방송 관련 학과의 대학 교수로 5년 이상 재직한 사람
4. 그 밖에 방송에 관한 지식과 경험이 풍부한 사람

④ 방송분쟁조정위원회 위원의 임기는 2년으로 하되, 한 차례만 연임할 수 있다. 다만, 보궐위원의 임기는 전임자 임기의 남은 기간으로 한다.

⑤ 방송분쟁조정위원회 위원은 다음 각 호의 어느 하나에 해당하는 경우에는 방송분쟁조정위원회에 신청된 분쟁조정사건(이하 이 조에서 "사건"이라 한다)의 심의·의결에서 제척된다.

1. 방송분쟁조정위원회 위원 또는 그 배우자나 배우자였던 사람이 그 사건의 당사자가 되거나 그 사건에 관하여 공동의 권리자 또는 의무자의 관계에 있는 경우
2. 방송분쟁조정위원회 위원이 그 사건의 당사자와 친족관계에 있거나 있었던 경우
3. 방송분쟁조정위원회 위원이 그 사건에 관하여 당사자의 대리인으로서 관여하거나 관여하였던 경우
4. 방송분쟁조정위원회 위원이 그 사건에 관하여 증언, 감정, 법률자문을 한 경우

⑥ 분쟁당사자는 방송분쟁조정위원회 위원에게 공정한 심의·의결을 기대하기 어려운 사정이 있는 경우에는 방송분쟁조정위원회 위원장에게 기피신청을 할 수 있다. 이 경우 위원장은 기피신청에

대하여 방송분쟁조정위원회의 의결을 거치지 아니하고 결정한다.
⑦ 방송분쟁조정위원회 위원이 제5항 또는 제6항의 사유에 해당하는 경우에는 스스로 그 사건의 심의·의결에서 회피할 수 있다.
⑧ 외주제작사가 분쟁의 당사자인 경우에는 분쟁 당사자 일방 또는 쌍방의 신청에 따라 제1항에 따른 방송분쟁조정위원회 또는 「콘텐츠산업 진흥법」 제29조제1항 본문에 따른 콘텐츠분쟁조정위원회가 분쟁을 조정할 수 있다.
⑨그 밖에 방송분쟁조정위원회의 구성과 운영, 분쟁의 조정 등에 관하여 필요한 사항은 대통령령으로 정한다.

제73조(방송광고등)
① 방송사업자는 방송광고와 방송프로그램이 혼동되지 아니하도록 명확하게 구분하여야 하며, 어린이를 주 시청대상으로 하는 방송프로그램의 방송광고시간 및 전후 토막광고시간에는 대통령령이 정하는 바에 따라 반드시 광고임을 밝히는 자막을 표기하여 어린이가 방송프로그램과 방송광고를 구분할 수 있도록 하여야 한다.
② 방송광고의 종류는 다음 각 호와 같고, 방송광고의 허용범위·시간·횟수 또는 방법 등에 관하여 필요한 사항은 대통령령으로 정한다.

1. 방송프로그램광고 : 방송프로그램의 전후(방송프로그램 시작타이틀 고지 후부터 본방송프로그램 시작 전까지 및 본방송프로그램 종료 후부터 방송프로그램 종료타이틀 고지 전까지를 말한다)에 편성되는 광고
2. 중간광고 : 1개의 동일한 방송프로그램이 시작한 후부터 종료되기 전까지 사이에 그 방송프로그램을 중단하고 편성되는 광고
3. 토막광고 : 방송프로그램과 방송프로그램 사이에 편성되는 광고
4. 자막광고 : 방송프로그램과 관계없이 문자 또는 그림으로 나타내는 광고
5. 시보광고 : 현재시간 고지 시 함께 방송되는 광고
6. 가상광고 : 방송프로그램에 컴퓨터 그래픽을 이용하여 만든 가상의 이미지를 삽입하는 형태의 광고
7. 간접광고 : 방송프로그램 안에서 상품, 상표, 회사나 서비스의 명칭이나 로고 등을 노출시키는 형태의 광고

③ 상품소개 및 판매에 관한 전문편성을 행하는 방송의 경우에는 당해 상품소개 및 판매에 관한 방송내용물은 이를 방송광고로 보지 아니한다.
④ 방송사업자 및 전광판방송사업자는 공공의 이익을 증진시킬 목적으로 제작된 비상업적 공익광고를 대통령령이 정하는 비율 이상 편성하여야 한다.
⑤ 외주제작사는 방송프로그램을 제작하는 경우에 간접광고를 판매할 수 있다.
⑥ 방송사업자와 외주제작사는 제5항에 따른 간접광고가 제2항 및 제33조제1항의 심의규정과 제86조에 따른 자체심의 기준을 위반하는지에 관하여 대통령령으로 정한 절차 등에 따라 간접광고

판매 위탁 또는 판매 계약 체결 전까지 합의하고, 합의된 내용을 준수하여야 한다.

⑦ 외주제작사는 제86조에 따른 방송사업자의 자체심의에 필요한 기간 전까지 방송사업자에게 간접광고가 포함된 방송프로그램을 제출하여야 한다.

⑧ 외주제작사가 제작한 방송프로그램이 「방송광고판매대행 등에 관한 법률」 제5조제1항 및 제2항에 따른 방송광고판매대행사업자(이하 "광고판매대행자"라 한다)가 위탁하는 방송광고만 할 수 있는 방송사업자의 채널에 편성될 경우 외주제작사는 대통령령으로 정하는 바에 따라 광고판매대행자에게 간접광고 판매를 위탁하여야 한다.

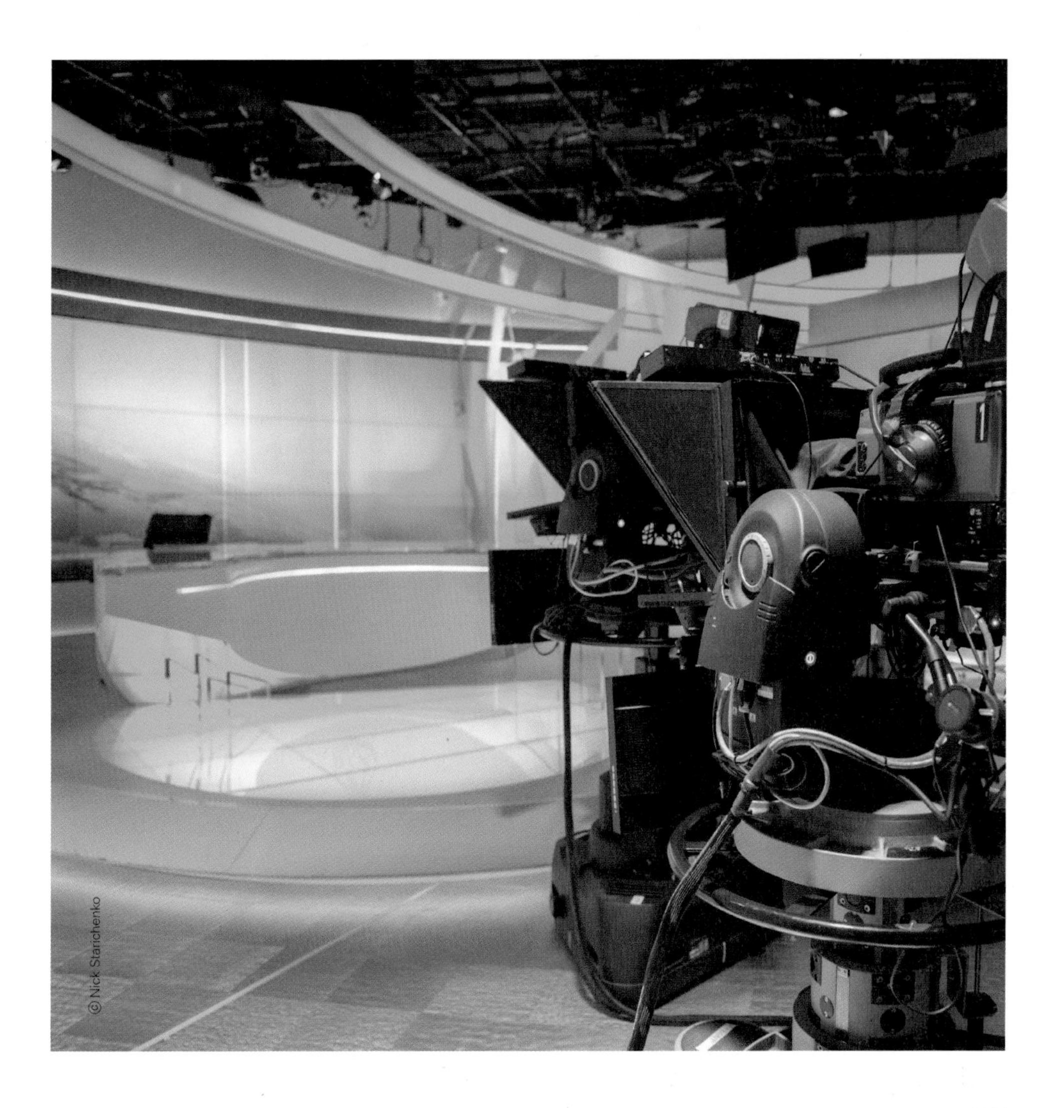
ⓒ Nick Starichenko

잡지 등 정기간행물의 진흥에 관한 법률

제2조(정의)

이 법에서 사용하는 용어의 정의는 다음과 같다.

1. "정기간행물"이란 동일한 제호로 연 2회 이상 계속적으로 발행하는 간행물로서 「신문 등의 진흥에 관한 법률」 제2조에 따른 신문을 제외한 다음 각 목의 것을 말한다.

가. 잡지 : 정치·경제·사회·문화·시사·산업·과학·종교·교육·체육 등 전체분야 또는 특정분야에 관한 보도·논평·여론 및 정보 등을 전파하기 위하여 동일한 제호로 월 1회 이하 정기적으로 발행하는 책자 형태의 간행물

나. 정보간행물 : 보도·논평 또는 여론 형성의 목적 없이 일상생활 또는 특정사항에 대한 안내·고지 등 정보전달의 목적으로 발행되는 간행물

다. 전자간행물 : 통신망을 이용하지 아니하고 컴퓨터 등의 정보처리장치를 이용하여 읽거나 보고 들을 수 있도록 전자적으로 발행한 간행물

라. 기타간행물 : 월 1회 이하 발행되는 간행물 중 책자 형태가 아닌 간행물
2. "정기간행물사업자"란 정기간행물을 발행하는 자로서 제15조제1항 또는 제16조제1항에 따라 등록을 하거나 신고를 한 자를 말한다.
3. "발행인"이란 정기간행물을 발행하는 대표자를 말한다.
4. "편집인"이란 정기간행물의 편집에 관하여 책임을 지는 자를 말한다.
5. "지사" 또는 "지국"이란 기사취재 등을 목적으로 정기간행물의 발행소 소재지 외의 지역에 설치된 사무소를 말한다.

제3조(국가 및 지방자치단체의 책임)
국가와 지방자치단체는 정기간행물의 건전한 발전을 위하여 필요한 시책을 수립·시행하여야 한다.

제4조(정기간행물의 책임)
정기간행물은 다양한 내용, 심층적이고 전문적인 지식과 정보, 건전한 문화 창달 및 독자의 권익보호 등을 위하여 정확하고 공정하게 보도하여야 한다.

제5조(독자의 권익보호)
정기간행물사업자는 그 편집 또는 제작에 있어 독자의 권익을 보호하기 위하여 노력하여야 한다.

제6조(광고) 정기간행물의 편집인은 독자가 기사와 광고를 혼동하지 아니하도록 명확하게 구분하여 편집하여야 한다.

제8조(진흥사업 지원)
정기간행물의 진흥을 위한 사업에 대하여는 국고에서 지원할 수 있다.

제13조(우수 정기간행물에 대한 지원)
① 문화체육관광부장관은 정기간행물문화의 창달을 위하여 매년 우수 정기간행물을 선정하고 그 보급을 지원할 수 있다.
② 문화체육관광부장관은 국민의 독서 증진활동을 위하여 제1항에 따라 선정된 우수 정기간행물을 구입하여 「도서관법」 제2조에 따른 도서관이나 병영, 재외동포 교육시설 등에 배포할 수 있다.
③ 제1항 및 제2항에 필요한 예산은 국고로 충당할 수 있다.

제4장 정기간행물 등록·신고 등

제15조(등록)
① 잡지를 발행하고자 하는 자는 대통령령으로 정하는 바에 따라 다음 각 호의 사항을 주된 사무소의

소재지를 관할하는 특별자치시장·특별자치도지사·시장·군수·구청장(자치구의 구청장을 말하며, 이하 "시장 · 군수 · 구청장"이라 한다)에게 등록하여야 한다. 등록된 사항을 변경하고자 할 때에도 또한 같다. 다만, 국가 또는 지방자치단체가 발행 또는 관리하거나 법인, 그 밖의 기관·단체가 그 소속원에게 무료로 보급할 목적으로 발행하는 경우와 대통령령으로 정하는 잡지는 그러하지 아니하다.

1. 제호
2. 종별 및 간별
3. 발행인 및 편집인의 성명, 생년월일, 주소. 다만, 외국 잡지의 내용을 변경하지 아니하고 국내에서 그대로 인쇄·배포하는 경우를 제외한다.
4. 발행소 및 발행소의 소재지
5. 발행목적과 발행내용
6. 무가 또는 유가 발행의 구분

② 제1항에 따라 등록을 하고자 하는 자가 법인 또는 단체인 경우 대표이사 또는 대표자를 발행인으로 하여야 한다. 다만, 대표이사 또는 대표자를 발행인으로 할 수 없는 정당한 사유가 있는 경우에는 이사회의 의결을 거쳐 다른 이사나 임원을 발행인으로 할 수 있다.

③ 제1항에 따라 잡지를 등록하고자 하는 자는 등록사항 중 간별을 다음 각 호의 구분에 따라 명시하여야 한다.

1. 월간
2. 격월간
3. 계간
4. 연 2회간

④ 시장·군수·구청장이 제1항에 따라 잡지를 등록한 때에는 지체 없이 등록신청인에게 등록증을 교부하여야 한다.

⑤ 이미 등록된 잡지의 제호와 동일한 제호의 잡지는 등록할 수 없다.

제16조(신고)

① 정보간행물·전자간행물 또는 기타간행물(이하 "잡지외간행물"이라 한다)을 발행하려는 자는 대통령령으로 정하는 바에 따라 해당 잡지외간행물을 발행하는 소재지를 관할하는 시장·군수·구청장에게 다음 각 호의 사항을 신고하여야 하며, 신고한 사항을 변경하려는 경우에도 또한 같다. 다만, 국가 또는 지방자치단체가 발행 또는 관리하거나 법인, 그 밖의 기관·단체가 그 소속원에게 무료로 보급할 목적으로 발행하는 경우와 대통령령으로 정하는 잡지외간행물은 그러하지 아니하다.

1. 제호
2. 종별 및 간별
3. 발행인 및 편집인의 성명, 생년월일, 주소. 다만, 외국 잡지의 내용을 변경하지 아니하고 국내에서 그대로 인쇄·배포하는 경우를 제외한다.

4. 발행소 및 발행소의 소재지
5. 발행목적과 발행내용
6. 무가 또는 유가 발행의 구분

② 시장·군수·구청장은 제1항 본문에 따른 신고 또는 변경신고를 받은 날부터 25일 이내에 신고수리 또는 변경신고수리 여부를 신고인에게 통지하여야 한다.

③ 시장·군수·구청장이 제2항에서 정한 기간 내에 신고수리 또는 변경신고수리 여부나 민원 처리 관련 법령에 따른 처리기간의 연장을 신고인에게 통지하지 아니하면 그 기간(민원 처리 관련 법령에 따라 처리기간이 연장 또는 재연장된 경우에는 해당 처리기간을 말한다)이 끝난 날의 다음 날에 신고 또는 변경신고를 수리한 것으로 본다.

④ 잡지외간행물의 신고에 관하여는 제15조제2항부터 제5항까지의 규정을 준용한다. 이 경우 "잡지"는 "정보간행물·전자간행물 또는 기타간행물"로, "시·도지사"는 "시장·군수·구청장"으로, "등록"은 "신고"로, "등록증"은 "신고증"으로 본다.

03 신문 등의 진흥에 관한 법률

제2조(정의)

이 법에서 사용하는 용어의 정의는 다음과 같다.

1. "신문"이란 정치·경제·사회·문화·산업·과학·종교·교육·체육 등 전체 분야 또는 특정 분야에 관한 보도·논평·여론 및 정보 등을 전파하기 위하여 같은 명칭으로 월 2회 이상 발행하는 간행물로서 다음 각 목의 것을 말한다.

가. 일반일간신문: 정치·경제·사회·문화 등에 관한 보도·논평 및 여론 등을 전파하기 위하여 매일 발행하는 간행물

나. 특수일간신문: 산업·과학·종교·교육 또는 체육 등 특정 분야(정치를 제외한다)에 국한된 사항의 보도·논평 및 여론 등을 전파하기 위하여 매일 발행하는 간행물

다. 일반주간신문: 정치·경제·사회·문화 등에 관한 보도·논평 및 여론 등을 전파하기 위하여 매주 1회 발행하는 간행물(주 2회 또는 월 2회 이상 발행하는 것을 포함한다)

라. 특수주간신문: 산업·과학·종교·교육 또는 체육 등 특정 분야(정치를 제외한다)에 국한된 사항의 보도·논평 및 여론 등을 전파하기 위하여 매주 1회 발행하는 간행물(주 2회 또는 월 2회 이상 발행하는 것을 포함한다)

2. "인터넷신문"이란 컴퓨터 등 정보처리능력을 가진 장치와 통신망을 이용하여 정치·경제·사회·문화 등에 관한 보도·논평 및 여론·정보 등을 전파하기 위하여 간행하는 전자간행물로서 독자적 기사 생산과 지속적인 발행 등 대통령령으로 정하는 기준을 충족하는 것을 말한다.

3. "신문사업자"란 신문을 발행하는 자를 말한다.

4. "인터넷신문사업자"란 인터넷신문을 전자적으로 발행하는 자를 말한다.

5. "인터넷뉴스서비스"란 신문, 인터넷신문, 「뉴스통신진흥에 관한 법률」에 따른 뉴스통신, 「방송법」에 따른 방송 및 「잡지 등 정기간행물의 진흥에 관한 법률」에 따른 잡지 등의 기사를 인터넷을 통하여 계속적으로 제공하거나 매개하는 전자간행물을 말한다. 다만, 제2호의 인터넷신문 및 「인터넷 멀티미디어 방송사업법」 제2조제1호에 따른 인터넷 멀티미디어 방송, 그 밖에 대통령령으로 정하는 것을 제외한다.

6. "인터넷뉴스서비스사업자"란 제5호에 따른 전자간행물을 경영하는 자를 말한다.

7. "발행인"이란 신문을 발행하거나 인터넷신문을 전자적으로 발행하는 대표자를 말한다.

8. "편집인"이란 신문의 편집 또는 인터넷신문의 공표에 관하여 책임을 지는 자를 말한다.

9. "기사배열책임자"란 인터넷뉴스서비스의 기사배열에 관하여 책임을 지는 자를 말한다.

10. "인쇄인"이란 신문사업자가 선임한 자 또는 신문사업자와 인쇄계약을 체결한 자로서 그 신문의 인쇄에 관하여 책임을 지는 자를 말한다.

11. "지사" 또는 "지국"이란 기사취재 등을 목적으로 신문의 발행소 소재지 외의 지역에 설치된 사무소를 말한다.

12. "독자"란 신문을 유상 또는 무상으로 공급받는 자와 인터넷신문 또는 인터넷뉴스서비스를 유상 또는 무상으로 이용하는 자를 말한다.

제3조(신문 등의 자유와 책임)

① 신문 및 인터넷신문에 대한 언론의 자유와 독립은 보장된다.

② 신문 및 인터넷신문은 제1항의 언론자유의 하나로서 정보원에 대하여 자유로이 접근할 권리와 그 취재한 정보를 자유로이 공표할 자유를 갖는다.

③ 신문 및 인터넷신문은 인간의 존엄과 가치 및 민주적 기본질서를 존중하여야 한다.

제4조(편집의 자유와 독립)

① 신문 및 인터넷신문의 편집의 자유와 독립은 보장된다.

② 신문사업자 및 인터넷신문사업자는 편집인의 자율적인 편집을 보장하여야 한다.

제5조(편집위원회)

일반일간신문사업자는 편집위원회를 둘 수 있다.

제2장 신문사업 운영 등

제9조(등록)

① 신문을 발행하거나 인터넷신문 또는 인터넷뉴스서비스를 전자적으로 발행하려는 자는 대통령령으로 정하는 바에 따라 다음 각 호의 사항을 주사무소 소재지를 관할하는 특별시장·광역시장·특별자치시장·도지사 또는 특별자치도지사(이하 "시 · 도지사"라 한다)에게 등록하여야 한다. 등록된 사항이 변경된 때에도 또한 같다. 다만, 국가 또는 지방자치단체가 발행 또는 관리하거나 법인이나 그 밖의 단체 또는 기관이 그 소속원에게 보급할 목적으로 발행하는 경우와 대통령령으로 정하는 경우에는 그러하지 아니하다.

1. 신문 및 인터넷신문의 명칭(신문 및 인터넷신문에 한정한다)
2. 인터넷뉴스서비스의 상호 및 명칭(인터넷뉴스서비스에 한정한다)
3. 종별 및 간별(신문에 한정한다)
4. 신문사업자와 신문의 발행인·편집인(외국신문의 내용을 변경하지 아니하고 국내에서 그대로 인쇄 · 배포하는 경우를 제외한다. 이하 같다) 및 인쇄인의 성명·생년월일·주소(신문사업자 또는 인쇄인이 법인이나 단체인 경우에는 그 명칭, 주사무소의 소재지와 그 대표자의 성명 · 생년월일 · 주소)
5. 인터넷신문사업자와 인터넷신문의 발행인 및 편집인의 성명·생년월일·주소(인터넷신문사업자가 법인이나 단체인 경우에는 그 명칭, 주사무소의 소재지와 그 대표자의 성명 · 생년월일 · 주소)
6. 인터넷뉴스서비스사업자와 기사배열책임자의 성명·생년월일·주소(인터넷뉴스서비스사업자가 법인이나 단체인 경우에는 그 명칭, 주사무소의 소재지와 그 대표자의 성명 · 생년월일 · 주소)
7. 발행소의 소재지
8. 발행목적과 발행내용
9. 주된 보급대상 및 보급지역(신문에 한정한다)
10. 발행 구분(무가 또는 유가)
11. 인터넷 홈페이지 주소 등 전자적 발행에 관한 사항

② 제1항에 따라 등록을 하려는 자(인터넷뉴스서비스사업자를 제외한다)가 법인 또는 단체인 경우 대표이사 또는 대표자를 발행인으로 하여야 한다. 다만, 대표이사 또는 대표자를 발행인으로 할 수 없는 정당한 사유가 있는 경우에는 이사회의 의결을 거쳐 다른 이사나 임원을 발행인으로 할 수 있다.

③ 제1항에 따라 신문을 등록하려는 자는 등록사항 중 간별을 다음 각 호의 구분에 따라 명시하여야 한다.

1. 일간(격일 또는 주 3회 이상 발행하는 것을 포함한다)

2. 주간(주 2회 또는 월 2회 이상 발행하는 것을 포함한다)

④ 제1항에 따라 신문·인터넷신문 또는 인터넷뉴스서비스를 등록한 때에는 시·도지사는 지체 없이 등록증을 내주어야 한다.

⑤ 이미 등록된 신문·인터넷신문·인터넷뉴스서비스, 「잡지 등 정기간행물의 진흥에 관한 법률」에 따라 등록 또는 신고된 정기간행물 또는 「뉴스통신진흥에 관한 법률」에 따라 등록된 뉴스통신의 명칭과 같은 명칭의 신문·인터넷신문 또는 인터넷뉴스서비스는 등록할 수 없다. 다만, 해당 사업자가 명칭 사용을 허용하는 경우에는 그러하지 아니하다.

제18조(대기업의 일반일간신문 소유제한 등)

① 「독점규제 및 공정거래에 관한 법률」 제2조제2호에 따른 기업집단 중 자산총액 등 대통령령으로 정하는 기준에 해당하는 기업집단에 속하는 회사(이하 "대기업"이라 한다)와 그 계열회사(대통령령으로 정하는 특수한 관계에 있는 자를 포함한다)는 일반일간신문을 경영하는 법인이 발행한 주식 또는 지분의 2분의 1을 초과하여 취득 또는 소유할 수 없다.

② 일반일간신문을 경영하는 법인의 이사(합명회사의 경우에는 업무집행사원, 합자회사의 경우에는 무한책임사원을 말한다) 중 그 상호 간에 「민법」 제777조에 따른 친족관계에 있는 자가 그 총수의 3분의 1을 넘지 못한다.

제19조(소유제한 위반 시 조치 등)

① 제18조를 위반하여 주식 또는 지분을 취득 또는 소유한 자는 그 초과분에 대한 의결권을 행사할 수 없다.

② 시·도지사는 제18조를 위반하여 주식 또는 지분을 취득 또는 소유한 자에 대하여 6개월 이내의 기간을 정하여 이를 시정할 것을 명하여야 한다.

③ 시·도지사는 제18조에 따른 소유제한 사실을 확인하기 위하여 대통령령으로 정하는 바에 따라 신문사업자에게 필요한 자료의 제출을 요청할 수 있다. 이 경우 해당 사업자는 이에 따라야 한다.

행복한 직업 찾기
나의 직업 언론인

초판 1쇄 인쇄 2014년 2월 24일
개정판 1쇄 인쇄 2020년 1월 20일

개정2판 1쇄 인쇄 2023년 5월 1일
개정2판 1쇄 발행 2023년 5월 7일

글 | 꿈디자인LAB
펴 낸 곳 | 동천출판
사 진 | 아레나옴므플러스. shutterstock.

등 록 | 2013년 4월 9일 제319-2013-25호
주 소 | 서울특별시 서초구 효령로 60길 15(서초동, 202호)
전화번호 | (02) 588 - 8485
팩 스 | (02) 583 - 8480
전자우편 | dongcheon35@naver.com

값 18,000원
ISBN 979-11-85488-79-0 (44370)
979-11-85488-05-9 (세트)

*잘못 만들어진 책은 구입하신 서점에서 바꿔 드립니다.